仁达方略
REDETAC CONSULTING
管理文库·国企改革系列

仁达方略管理咨询公司◎著

法人治理

董事会运作及股东风险防范实务与案例

中国财富出版社

图书在版编目（CIP）数据

法人治理：董事会运作及股东风险防范实务与案例／仁达方略管理咨询公司著．—北京：中国财富出版社，2016.7（2023.9 重印）

（仁达方略管理文库．国企改革系列）

ISBN 978－7－5047－6150－7

Ⅰ.①法…　Ⅱ.①仁…　Ⅲ.①公司—法人—企业管理—研究—中国　Ⅳ.①F279.246

中国版本图书馆 CIP 数据核字（2016）第 117709 号

策划编辑　张彩霞　　**责任编辑**　张红燕　李小红
责任印制　梁　凡　　**责任校对**　梁　凡　　**责任发行**　张红燕

出版发行　中国财富出版社
社　　址　北京市丰台区南四环西路 188 号 5 区 20 楼　　**邮政编码**　100070
电　　话　010－52227588 转 2098（发行部）　　010－52227588 转 321（总编室）
　　　　　　010－52227566（24 小时读者服务）　　010－52227588 转 305（质检部）
网　　址　http://www.cfpress.com.cn
经　　销　新华书店
印　　刷　宝蕾元仁浩（天津）印刷有限公司
书　　号　ISBN 978－7－5047－6150－7/F·2600
开　　本　710mm×1000mm　1/16　　**版　　次**　2016 年 7 月第 1 版
印　　张　14.5　　**印　　次**　2023 年 9 月第 5 次印刷
字　　数　230 千字　　**定　　价**　39.80 元

国企改革系列丛书编委会

丛书总序

全球化和新常态下的管理困境与出路

2015 年是不平凡的一年。在这一年里，“一带一路”“长江经济带”“京津冀一体化”等三大国家战略强力推进，“十三五”规划蓝图完成，供给侧结构性改革快马加鞭，中国有 106 家企业进入世界 500 强，国资国企改革如火如荼，创业创新在全社会蔚然成风。

中国企业整体面临许多管理困境：还没有完成市场化，又面临全球化挑战；还没完成工业化进程，又面临信息化变革；还没建成战略管理体系和创新体系，又面临瞬息万变的环境所引起的不确定性困扰；还没完成内部制度改造，又面临企业再造和重组；还没有国际化经验，又面临跨国公司的压力。总体而言，企业体量日益庞大、规模日益庞大的发展趋势依旧没有改变。但在这表面红火的现象背后仍难掩国有企业虚火旺、民营企业发展乏力的事实。尽管一直以来“重经营、轻管理”的观念没有改变，但管理的压力确实是越来越大。很多企业分不清经营与管理的差别，邀请经济学家指导企业的管理实践，更有企业用一时的经营业绩掩盖管理水平的低下与尴尬，企业的经营业绩像过山车一般忽上忽下，企业发展难以持续和稳定下来。我们知道，小企业试错成本低，风险和损失小，但大型集团企业一旦失误，成本高昂且牵连甚广，断不可如此稀里糊涂地交学费——试不起，也错不起。

目前，我们的企业本来就整体上缺少管理经验的积累，偏又遭遇国际经济形势的剧烈变化，再加上知识经济、信息化技术狂飙突进的发展、全球化进程加快等因素的加入，对企业管理提出了更高的要求。应对这“一低一高”，我们能走的无非两条路：一是照“本”宣科，加紧管理学的研究，让理论先行一步，能够给予管理实践以真正科学理性的指导；二是按“图”索骥，照葫芦画瓢——发现、研究标杆企业的优秀基因，通过对标，缩短我们跟优秀的管理先进的企业之间的差距。

但是，现实中这两条路我们走得都不够顺畅：学术界在学科准备方面严重不足，至今在实证研究方面缺少经验和积累，在具体指导企业管理实践的时候力不从心；企业方面，或缺少对经验教训的总结，或疏于彼此之间以及跨界的传播交流，因此，优秀企业的管理得不到有效的提炼总结，发挥不了共生共长的作用。

基于这些现实，我和我的团队多年来坚持研究和探索，试图在企业看似纷繁的管理实践背后探寻其内在规律。我们以市场的手段扎扎实实地开展理论探索和实践积累，研究先行企业（包括成功的和失败的）的方法论、得与失，进行系统的归纳、总结，提炼、提升，形成系统的方法论，然后再回归到实践，通过和企业的深度交流、咨询、论坛、峰会、文章、图书出版等各种形式，指导实践的展开。我们力图把企业的运作规律呈现出来，形成真正的“中国式管理”，进而凝结成具有普适性的理论以支撑我们的集团企业未来的发展，我们有理由相信，未来的管理学在中国，这是一定的。在企业如此丰富多彩、激动人心、波澜壮阔的实践基础上，探求理论为企业发展发挥作用的模式，生生不息，成长出影响世界的管理思想，产生管理大师，这是我们的责任与使命。

这个过程非常辛苦，但与此同时我们也得到了来自各方面的帮助和支持。我们在管理领域浸淫得越久，就越觉其迷人之处；我们的研究越深入，就越觉其博大精深；我们的积累越厚实，就越觉其丰富多彩。感谢伟大的时代给予我们接近并体会其真谛的机会，感谢各界对我们的信任和肯定，感谢客户在企业管理实践过程中应用我们的研究成果、发展和丰富我们的成果。

为了满足这样的现状，帮助企业认清当前的形势，掌握具有实际操作意义的方法论，仁达方略秉承“开创管理前沿、辅助产业领袖、共谋企业未来”的使命，在以往研究成果的基础上，同时注入了很多新的思想、新的案例，从而集结形成这套书，包含《集团管控》《法人治理》《企业文化重构》三部适应新时代需求的著作，和我们以前出版的图书既形成延续，也连成序列。我们希望这些研究成果能够成为企业的助手；我们也希望我们的研究能够成为中国管理思想、管理理论的一部分；我们还希望我们的研究能够输出国门，成为中国梦的一部分。

又是草长莺飞的季节，北京骄阳吐火，仁达方略公司古朴典雅的办公楼里，明清式样的家具在阳光里闪耀着迷人的光；同学们（公司内部的相互称呼）或高谈阔论，或埋头工作，随处可见的绿植生机盎然，11点准时播放的司歌催人奋进。从我办公室望出去，慈寿寺的玲珑塔巍峨耸立，古朴而庄重；昆玉河静静流淌，波光粼粼，安静的河畔不时有车辆快速掠过，急切而有序。所有的场景温馨而活力四射。祝福我们的同学，祝福我们的企业，祝福我们的时代，祝福我们的国家和民族！

仁达方略管理咨询公司董事长　王吉鹏

2016年5月30日于北洼路48号仁达方略公司东楼

丛书推荐序1

十八大以来，我国政府实施集权、反腐、反寡头顶层设计，重构新的政治生态和改革范式，制定新的治国方略，规划了未来30年中国发展蓝图，改革的面貌焕然一新。伴随经济转型实现跳跃式发展，中国全面进入后强人政治的时代。

这将是一个知识经济、“互联网+”、后工业化相叠加的混合经济时代，“以人为中心”多元化、多层次、多类型、多元文化融合，催生出一批崭新产业领域新课题。如何研读《关于深化国有企业改革的指导意见》（中发〔2015〕22号）“1+N”配套文件、《国务院关于改革和完善国有资产管理体制的若干意见》（国发〔2015〕63号文），判定“供给侧结构改革”释放的政策空间，厘清改革方向，培育新经济动能，实施创新驱动战略和管理创新已经成为政府、企业界、智库等共同面临的重大课题。

本丛书集中收录了十八大以来特别是近两年来，仁达方略的集团管控、法人治理和企业文化重构课题组基础研究、最新项目成果，案例剖析视角独特、观点新颖，折射出仁达方略各位专家、咨询师的智慧，极具实践指导和理论价值。

仁达方略所著的《集团管控》首版面世以来，多次加印。新版《集团管控》篇章结构调整后，融入了新元素，如第三章《集团管控新趋势》中的“一体化管理”“战略中心型组织”，第四章《管控模式》中“解密63号文”“案例——L公司管控模式选择”，第五章《首脑：总部定位》中“打造强势总部”等，无不彰显着仁达方略在集团管控领域的深厚研究底蕴。

法人治理是现代公司制度的核心和基础。“法人治理之于公司，犹如基石之于高楼。”当下人们往往只见楼宇，却不见支撑高楼的基石。能看懂法人治理的人不多，看懂并实践的则少之又少。鉴于此，新版《法人治理》从阐述法人治理本质入手，共九章，并从国际比较、央企集团法人治理、控制权之争等不同角度进行大量实证研究，提出：唯有建立完善法人治理结构，才能真正落实国企改革等主旨观点。

2007年3月，《企业文化重构》（第一版）由中国电力出版社出版后，一度受到企业界热捧。针对近年来“新常态”经济环境，国资国企混改、并购重组实践重大变化带来的一系列新的矛盾问题，新版《企业文化重构》重新调整篇章结构。该书共十章，其中前九章着重论述中国社会大变革、社会转型给文化重构带来的深刻影响，并从国企改革、互联网冲击、中国制造与中国文化、企业文化重构路径选择等多个方面阐述，第十章对仁达方略项目之“中储粮企业文化重构”实操案例全面详尽解剖，开创了“理论＋案例”实证研究新模式。

相信本丛书能帮助企业界全面理性解读新的政策制度的逻辑脉络，把握企业管理内涵和精髓，激发创新动力；文章既具专业性，又不乏生动案例，给读者带来轻松愉悦而又能启发思考的阅读体验。

《中外管理》杂志总编　杨光

2016年5月

丛书推荐序 2

近期仁达方略管理咨询公司的《集团管控》《法人治理》《企业文化重构》三本新书即将面世，邀我作推荐序。

改革开放以来，我国涌现出一大批资产雄厚、所属成员单位众多的国有和民营企业集团，企业集团母子公司以资本为主要连接纽带。企业集团这种组织形式在快速发展的同时，管理控制问题始终与之形影相随，集团管控成为集团公司管理的重要内容。《集团管控》一书梳理了新一轮国企改革的背景和方向；阐述了国有资本投资运营公司的改革思路；介绍了战略中心型组织、价值型总部、一体化管理等集团管控的新趋势；系统论述了集团管控的主要类型，以及总部定位、组织设计、责权体系、业绩评价等相关实务方法。

现代企业制度是我国企业发展的重要方向，法人治理结构主要处理股东、董事、监事和经理层的关系，旨在使公司高效运转和可持续发展，因而成为现代公司制度的核心。《法人治理》一书论述了混合所有制企业怎样防范国资流失以及如何有效保卫民资话语权、央企强强合并后如何设计法人治理结构、民营企业如何对抗野蛮人守护控制权等企业实践中的相关热点和难点问题，并展示了“合伙人”制、双重制衡、代理参与权以及新型的网络治理模式等法人治理新动态。

当前经济全球化的步伐正在加快，我国经济发展也已步入新常态，这正是新旧体制转换、经济发展方式转变、产业结构大调整和大改组的时期，也是企业制度创新、资产重组、管理变革和产品更新换代的加速期，可以说，在这样一个大变革的时期，外部环境的变化必然会对中国企业的战略和文化传统提出变革的要求。《企业文化重构》一书指出当代中国正处于第三次社会转型期，即从传统农业社会向现代工业社会、从封闭向开放、从体力型向技术型、从知识型向智慧型社会转型，进而详细阐述了社会转型时期企业文化重构的主要内容和具体实施路径。当今时代80后、90后新生代员工正逐渐成为企业员工的主体，书中描述了互联网时代多中心、无层级、同步快速的信息传递方式，提出互联网时代的企业文化建设应该去中心化、去集权化，让每一位员工成为企业文化建设的主体和主动参与者。

在全球化、市场化和信息化的发展浪潮中，集团公司如何选择与运用集团管控模式，以有效实现集团的价值与提高集团的运作效率？在建立现代企业制度的进程中公司如何才能完善自身的法人治理结构？在社会转型的大背景下企业如何进行企业文化重构，以支撑企业的转型发展？这是当下我国企业管理者面临的一些热点问题。上述三本新作，围绕新形势下企业发展过程中的这三大管理热点问题展开讨论。丛书阐述了仁达方略的诸多观点，引用了仁达方略的诸多咨询案例和大量新近相关案例，这对于正在求新求变征途中的中国企业具有实践参考价值。

开卷有益，我相信本套丛书的出版将给企业界人士和众多读者带来诸多助益。

北京交通大学经济管理学院企业文化管理研究所所长　黎群博士

2016年6月于交大红果园

丛书推荐序 3

2016 年，我们站在了经济周期的调整阶段。

得益于外部条件改善，得益于工业化往上冲，2004—2012 年这段时间，是我国经济增长速度非常快的几年，那时候人们最常说的一句话就是“猪站在风口也会飞”。但是从 2012 年之后，欧洲的金融危机传导到了全世界，经济步入下行，中国经济进入调整阶段。

在经济高速发展浪潮的涌动下，市场环境一片繁华，企业发展日行千里。但当经济步入“新常态”，增速减缓，企业发展便疲顿不前。企业开始暴露出各种弊端，企业经营每况愈下，企业家也从自信满满变得迷茫惆怅，每个人都会想要知道：我该怎么办？

寒冬里面，做企业的第一要务是什么呢？保持现金流，现金为王，投资应谨慎，有现金就有血，才不会倒下。第二步就是练内功。潮退风停之后，不是停滞不前，而是应更加深入地思考：我们的企业究竟哪里做得好，哪里做得不好还可以提升。

第一问：企业战略方向是否正确？

战略是企业对内外环境充分认识的基础上，统观全局而提出的不同层面的发展规划。企业战略代表的是企业应该往哪儿走，指引着企业的发展方向。在潮涨风吹的大好环境下，选择企业战略是根本。它的根本性体现在两个方面：第一个方面是指要选择正确的战略，才能够最大限度的把握经济形势、政策制度所带来的机遇。第二个方面是指要选择正确战略，才能够稳步前进；选择错误的方向则会徒劳无功，任凭多高的浪、多大的风都是于事无补。

当潮退风停之后，企业战略的根本性作用便会得以加倍放大。如果把企业看作一条船，那么经济市场便是船下潺潺的水流，政策制度是款款而来的清风。企业在这样的环境中可以没有明确的发展方向，只要把握当下，不顶风逆流，终归会在顺水顺风中逐步发展。但当经济形势下行、政策力度收缩的时候，水流变了、风向也变了，企业便会受挫。

第二问：企业运营和管理是否科学？

企业战略告诉企业应该往哪儿走，运营则告诉企业如何往那走。

做好运营是企业发展的关键，其包含两层含义：一是企业要有高瞻远瞩的战略方向。二是沿着战略方向做好运营。在潮涨风吹的大好环境下，良好的运营无疑是锦上添花，可以帮助企业更快、更平稳地发展。当潮退风停之后，良好的运营成为企业有力的支撑，可以帮助企业及时发现和处理弊端。

潮退风停之后，尽管市场情况如此惨烈，但对于中国的企业而言未必是件坏事。如果一直寄希望于好的经济形势、政策制度，而忽视对企业内部的管理，那么失败是必然的事情。

仁达方略推出的一套三本图书——《集团管控》《企业文化重构》和《法人治理》，细读下来，令人豁然开朗。我想对于身处转型调结构的企业来说，无疑是一场及时雨。它告诉我们做企业还可以从哪些地方进行提升，告诉我们做企业要避开哪些陷阱，告诉我们原来转型升级、企业文化是多么的重要。

希望改革洪流中的企业，都能沉下心，读一读这三本书。

凤凰国际智库秘书长　张林

2016 年 5 月

自 序

法人治理结构，其实是一个困扰我们政策制定者、法律工作者和企业实践者的老题目。

企业要依法设立、依法经营，根本法就是《公司法》，对于上市公司来说还有《证券法》，另外我们还有很多的管理条例。但是我们的法律和规章条例却很不完善，对企业来说腾挪空间过大。很可能一个条文，这么理解也行，那么理解也对，而实际上这两种理解可能是互相冲突的。这本身就给企业带来困扰，还可能给一些居心叵测之徒留有钻漏洞的空间，而那些合法经营的、诚实守信的企业却往往受到伤害。

同时，很多企业的所有者和经营者由于历史的原因，对于公司的法律文件，比如公司章程、股东大会决议、董事会议事规则等不重视。很多人连自己的公司章程都没有看过，有人甚至说只有打官司的时候才想起看公司章程。且不论公司章程本身存在很多生死攸关的逻辑和事项，需要我们集中精力、集思广益，更何况还有很多人企图利用你的轻信或者大意从中渔利。

过去受制于工商注册管理条例，企业只能到工商局领取章程模板做填空，束缚了企业股东在章程领域的相互承诺和约束。现在工商注册管理条例改了，公司章程采取备案制而不是审批制，那么就需要企业明察秋毫。当然，法人治理除了包括股东博弈，还包括了股东会和董事会之间的博弈、董事会和经理层之间的博弈、董事会内部的斗争，等等。

我们通常会关注企业在经营领域的生死，比如说现金流风险、产品质量问题、突发安全事故，等等。现在，我们越来越多地看到在法人治理领域出现的企业生死之战，或者即便没有生死之忧却把企业折腾得奄奄一息的事件，比如著名的万科宝能之争、黄光裕陈晓国美案、娃哈哈达能之争、真功夫的股东内斗、俏江南张兰和资本博弈、雷士照明的董事会和创始人抢夺战，等等。

实践是最好的老师，我们不能总是坐在这里看别人的热闹，自己的企业已经火烧眉毛而不自知。企业应足够重视，把法人治理当作事关企业生死的大事来对待。遗憾的是，市面上的图书，大都讲法人治理结构的理论、法律基础等，很少去真正面对法人治理的实操问题，回避了现实的矛盾，在象牙塔里阳春白雪；即便很多企业想规范法人治理，也奈何不得其法，求教无门。

基于以上种种考虑，我和我的同事们在多年的实践当中，摸索、积累了一系列针对法人治理的实操性方法论。我们帮助很多集团公司系统梳理下属企业的公司章程、帮助很多央企和省属企业规范法人治理，建立大量细致的治理规则和管理规范。除掉有法律障碍和保密承诺的案例，我们将这些最有价值的案例和方法论结集出版，以期帮助大家厘清对法人治理的认识，提醒大家重视法人治理的利害关系。我们希望通过这样的著作，与对法人治理有兴趣的各界朋友一起碰撞、相互探讨，共同营造企业安全、规范、和谐的成长环境，帮助企业健康成长，共同助力实现中国梦。

仁达方略管理咨询公司董事长　王吉鹏

2016年5月30日于北洼路48号仁达方略公司东楼

目　录

第一章

法人治理迫在眉睫

万科与宝能股权大战、雷士创始人与投资人交火……背后的原因到底是什么？揭示了怎样的公司治理现状？随着经济大浪潮改革的企业如何掌握话语权，一切内容尽在本章。

万科宝能股权大战揭开法人治理大幕[①]

2015 年冬天，万科与宝能一场喧嚣的股权争夺战上演了，众多企业经营者们在看热闹的同时，也不由得开始观省自己的股权、控制权。一时间，曾经被束之高阁的法人治理走进了众人视野，人们不得不思考，如何才能不被“野蛮人”夺走自己苦心经营的企业，如何才能在狼群中守住自己的权利。

事件始末

2015 年 12 月初，万科 A 股（人民币普通股票）股价连续涨停，市场疑惑是谁在背后追逐万科？

12 月 7 日，万科公布权益变动报告书，钜盛华及其一致行动人（即“宝能系”）成为第一大股东，持股占比 20%。

12 月 11 日，钜盛华仍马不停蹄扫货，持有万科股份占比超过 22%。

12 月 17 日，王石高调发声，明确表态对“宝能系”不欢迎，理由是“宝能系”信用不够，会毁掉万科品牌的信用。

12 月 18 日，宝能集团发表声明回应王石质疑，称集团恪守法律，相信市场力量。

12 月 18 日午间，万科称正在筹划股份发行，用于重大资产重组及收购资产，18 日下午 13：00 起停牌。

12 月 18 日，证监会（中国证券管理委员会）明确表态：市场主体之间收购、被收购的行为属于市场化行为，只要符合相关法律法规的要求，监管

① 仁达方略案例数据库.

部门不会干涉。资本之争，没有对错，只论成败；

2016 年 1 月 6 日，万科 H 股（注册地在内地、上市地在香港的外资股）率先复牌，股价已累计下跌 20.96%，股价已穿破部分投行给出的调降后的目标价。

1 月 18 日是万科 A 股初定的资产重组停牌到期之日，无论重组计划继续或放弃，万科都需给出进一步披露。据消息人士透露，万科管理层要求“宝能系”减持，但双方尚未达成一致意见。

尽管王石为代表的万科方并不欢迎宝能的加入，但是从公司法和市场规则来说，宝能系持股 22.45%，远超第二大股东，不管王石先生欢迎与否，宝能系已经是万科第一大股东了。对于万科有可能出什么牌来反击，市场上高手纷纷指路：可以通过购买股票超过宝能系，耗资巨大；可以说服其他股东置入资产扩大股权稀释宝能系；也可以使用“毒丸计划”这一反收购利器。比如“毒丸”在 2006 年就曾帮助新浪挫败盛大的收购计划。其核心是当盛大及其关联方收购新浪股份一定比例就触发毒丸计划，即再多收购 0.5% 的新浪股份，则现有股东有权半价购回新浪普通股股份，重新取得对新浪的控制权。万科系可以如法炮制使用“毒丸计划”，前提是准备好同盟方和数百亿元资金（资产）。

万宝股权大战最后走向何处尚未尘埃落定，但是市场的反响已经非常火爆，一时间人们对于股权、控制权的讨论尘嚣直上；对于公司法人治理的重视也是迅速提升。人们纷纷开始反思：为什么会出现这样的局面，经营者究竟该怎样守护自己的股权和控制权？

为什么会出现这样的局面？说起来很简单，就出在法人治理结构。法人治理结构主要是处理股东、董事、监事及经理层的关系，目的就是为了让公司高效运转、可持续发展、可持续盈利。简单来说就是处理上述几方之间的股权关系、游戏规则和利益分配。核心之中的核心是股权设置。公司创业初期，创始人往往拥有不少股权，随着融资增加，股权也开始慢慢被稀释，为了维护决策权保持公司决策效率，创始人和投资人可以约定特殊的处理方式。阿里巴巴采用“双轨制”（即发行不同投票权的两种股票，允许企业管理层通过具有更高投票权的股票控制公司），马云仅占阿里巴巴股份的10%，而软银和雅虎却占有了36%和24%。而京东在发行上市前，有11家投资人将其投票权委托给了刘强东行使。刘强东持股只有18.8%（不含代持的4.3%激励股权），却据此掌控了京东过半数（51.2%）的投票权。

王石在微信朋友圈也已经把这个事情说清楚了："1988年万科进行股改的时候我就放弃了股权，表明自己对财富的态度，也表明自己要和团队一起作为职业经理人，将万科打造成为现代优秀企业的自信。既然放弃了股权，谁想要成为万科的大股东，就不是管理层所能左右的。管理层能做的就是为全体股东创造财富，为消费者提供满意产品，为社会承担责任。"既然如此，面对这样的法人治理结构，野蛮人的入侵也是迟早的事儿，只不过，大家遵循市场规则而已。

仁达方略认为，对于众多创始人来说，等到股权旁落再去反思自身公司治理的缺漏未免太迟，与其坐以待毙等着挨宰，不如退而结网，把自家的院落打造结实些，把公司治理得完备些，功课做在前面，防患于未然，才是上上策。

混改核心在于国资民资话语权博弈

新一轮国企改革如火如荼地展开了，混合所有制改革被推上了改革的风口浪尖，然而时隔多日，雷声大，动静却很小，原因何在？因为国有企业担心国有资产流失问题；民营企业担心自己的资金如牛入泥沼，最后落得为他人做嫁衣。这些顾虑，说到底，核心就在于控制权。

有资料显示，在国有资本一股独大的股份制企业中，民间资本没有控制权和发言权，难以发挥民间资本反应快、决策灵活等优势，导致民间资本参与的积极性不高。国有企业负责人则认为，如国有部分占股过低，将削弱国有资本的控制力，更担心民营企业的“移山大法”造成国有资产流失。

混合所有制企业公司治理尚不完善，是双方都有顾虑的重要原因。因为只有协调运转、有效制衡的公司治理，才能保证不同所有制股东有效参与企业决策、权利得到平等维护。良好的公司治理是混合所有制企业的基石。这要求国家股东要摆正位置，首先做一个积极的股东，这是基础条件；其次要根据混合所有制企业的具体股权结构与制衡度选择合适的董事会运作模式，解决公司治理中的控制权安排问题；再次要建立董事会的评估与评价机制，提高董事会的履职能力与提升董事责任感，发挥声誉机制作用。

国有股东应该是一个透明、可预见、公平和值得信赖的积极所有者。如何做一个积极的国家股东，新加坡淡马锡公司堪称典范。新加坡政府与淡马锡之间职责划分明确，财政部作为政府部门可以集中精力发挥政策制定的核心作用而非行使股东权利，前者是政策制定者和监管者，后者则集中进行商业投资，持续追求股东回报。另外，淡马锡作为国家股东，通过在下属公司中推行健全的公司治理制度与有效运作的董事会，指导和协助高级管理层，其并不参与下属公司的商业决策或运营，而且一般情况下，也不在其下属公司的董事会拥有代表。

适合的董事会运作模式，才能顺利解决控制权安排问题。混合所有制企业的股权结构决定控制权，其董事会定位与运作模式就会不同。一般地，国有企业改造为混合所有制企业，股权结构可能会呈现三种状态：高度集中、中度集中、股权分散。不同股权结构，有着不同的决策权安排难题，需要不同类型的董事会运作，实现公司整体利益最大化。那么不同股权结构的混合所有制企业董事会如何进行定位呢?

通过建立董事会的评估与评价机制，提高董事会的履职能力与提升董事责任感，发挥声誉机制作用。在内部，通过系统的评估工具，来仔细检查董事会全面履行职责的情况，也包括每个董事的有效性和贡献。此外，还需要培育外部市场对混合所有制企业，特别是混合所有的上市公司董事会进行评价，让董事重视自己的信用，发挥声誉机制的作用。

无论是国有股东定位，还是董事会运作模式的选择，都需要构建完善的法人治理结构，各方利益有一个平等的诉求平台，才能提升民营资本对混合所有制企业的信心，才能促使混合所有制改革真正走向纵深，取得成功。

央企兼并重组后公司治理挑战

2015年，中国南车和中国北车合并，中国电力投资集团公司和国家核电技术公司获批合并，此外，国土资源部发布通知中国五矿、中国铝业、宝钢等6家稀土集团整合重组方案已获有关部门批准备案。中远集团和中海集团宣布进入整合程序。近日又有消息人士证实招商局集团与中国外运长航集团也将进入重组整合。一系列大动作宣告着央企兼并重组活跃期的到来。

按照2003年统计，国资委（国务院国有资产监督委员会）管辖的央企数量为189家，经过十余年调整合并，目前是112家。按照国资委的原来设想，应减少到50～60家的范围。关于这轮整合的直接原因，其一是承接完成上轮整合的目标和任务，完成国有经济的战略布局。其二是由于海内外市场的恶性竞争，同类央企的产品和服务过度竞争的问题，也伴随着一些腐败行为，造成国有资产流失。另外，也存在重复投资和生产能力相对过剩的问题。

出发点虽然是好的，但在实际重组后，大多存在很多问题，比如，缺乏战略和管理的协同效应；并购后整合难，人员和管理“两张皮”现象长期存在；企业并购重组没有反映出资人利益和企业利益，存在盲目扩张倾向。尽管市场对于央企重组极度炒作追捧，但曾经那些整合失败的案例，又在时刻提醒着我们，央企重组未必只有光鲜的一面，如果重组失败，对于央企这样规模的企业来说，整合失败的社会代价巨大。

仁达方略研究认为，上述种种问题本质上就是公司治理问题，既包括国有资本（国家所有权）目标是否清晰、是否有相应体制机制落实，也包括兼并重组中行政力量和市场力量以谁为主，以及兼并重组后企业的治理安排。如果央企兼并重组不重视公司治理，可能带来的问题更大更多：缺乏协同效应，国内垄断地位加强，但同时国际市场竞争力不足、未反映国有资本目标、整而不合等问题可能会被进一步放大。用一句话概括，央企兼并重组面临着较大的治理挑战。

彼得·德鲁克曾提出过“成功并购的五条法则”：一是收购必须有益于被收购公司；二是必须有一个促成合并的核心因素；三是收购方必须尊重被收购公司的业务活动；四是大约一年之内，收购公司必须能够向被收购公司提供上层管理；五是在收购的第一年，双方公司的管理层均应有所晋升。德鲁克并购法则其实针对的是公司治理问题，涉及企业兼并重组目的、兼并重组利益安排、兼并重组权力安排和新公司的治理结构。因此，有必要在央企兼并重组的事前、事中和事后三个环节引入公司治理视角，加大公司治理的考量，重点是理顺央企兼并重组的目标导向、设计和推动央企兼并重组、有效实现后续整合，以求增加央企兼并重组的正向效应和成功概率。

公司治理以董事会为核心是国内外良好实践的经验总结，央企兼并重组后应如何构建董事会的独立性、专业性和可问责性？如何引进独立董事制度，开展定期的董事会评估？如何通过法人治理加强对于母子公司的管控，以确保整合的有效实施？这一系列问题解决的最重要基石，就是央企真正完善现代企业制度，构建起良好的法人治理结构。

民营企业控制权之争

摩立特集团中国区董事主席霍太德曾说："创始人们都必须清楚地意识到一点，即便你一手创建了这家公司，但如果你在后期逐步稀释掉了股权，那么你就要意识到，你不再是公司完全的所有者。"

企业经营者在面对外部投资人的时候，在将自己的创始企业通过股权稀释转变为公众公司的时候，随之而来就会涉及一个敏感话题：应如何设计公司的控制权制度，避免自己苦心经营的企业旁落他人？

当下威胁民营企业家对公司控制权的危险，主要源于以下几个方面：

股权对决

股权对决，最典型、最戏剧化的，莫过于国美黄陈之争。国美内战的实质，是中国资本之虎遭遇国际资本群狼（通过陈晓）的集体围猎。各方的博弈，可称为阳光下的博弈：

其一，股东权利充分受保障，包括狱中的黄光裕，其民事权利的行使并未受到任何限制。

其二，博弈的规则、方式均在阳光下，以规范的方式进行。

道德资源的博弈：各方都以国美功臣自居，都自陈自己对国美的贡献，表示只有自己才能将国美带向更加美好的未来。同时，抨击对方对国美的侵害。

人力资本的博弈：陈晓及其背后的国际机构投资人，通过股权激励等金手铐战略，稳定公司经营团队；黄光裕家族一方面加大对黄光裕妹妹及律师邹小春的推荐力度；另一方面黄光裕的妻子杜鹃提前出狱，既强化了人力资源，也传递了中国政府的坚定立场。

资本资源的博弈：黄氏家族原本持有国美约33%多一点的股权，贝恩投资债转股后被稀释至不到31%；后出资增持约0.2%的股份；加上张大中及其他散户投资人的支持。而贝恩资本、摩根大通、摩根士丹利、华平投资以及陈晓个人，共持有国美超过40%的股权。

其三，是相对理性的博弈：尽管2010年9月28日特别股东会上貌似对决激烈，但双方都保持理性并原则性达成妥协。至2011年3月9日，陈晓离开国美，张大中接任国美董事局主席，各方博弈以相对理性的妥协落幕。

公司政变

有限责任公司股东人数有限，公司自治规则宽泛，董事会内容原则上不对外公开，这就造成部分股东、董事私下沟通达成一致，在股东会或董事会上突然发难，罢免原实际控制人。各方当事人围绕因此而引发的新的公司态势展开博弈。典型案例如江南某大型批发市场控制权之争案。

江南某批发大市场股东会上，公司董事、第二大股东提出临时预案，要求罢免董事长。因事先与其他股东沟通并达成一致，免去原董事长董事职务。后又召开公司董事会，罢免原董事长并选举自己为董事长。董事会同时作出决定：鉴于被罢免之董事长在设立拍卖公司等事项上的重大失误，决定停止其一切股东权利，冻结其公司股份，保留追究其民事赔偿之责任。

后被免董事长向人民法院起诉，请求判令股东会、董事会决定无效，同时索赔三千万零一元。请求判决股东会决议无效，乃是基于其通知程序的重大瑕疵，以及已丧失股东资格的人员仍以占公司近9%的股东身份参与投票；股东会决议无效，基于原董事长被免的董事会自然也无效。而要求索赔该数额是为了一审在当地省高级法院，二审在最高院，从而避免在第二大股东有较大活动能力之所在城市中级法院一审，该数额也略高于第一大股东所评估之股权价值约两成。

后经庭审、谈判之博弈，原告同意以三千余万价格溢价向其他股东转让其股份，不再担任公司董事长。最终双方利益诉求得以均衡实现。

除此以外，因为家族内部利益分配等原因引发的控制权之争，也已经成为威胁民营企业控制权的重要因素，企业经营者必须在事前进行完善的公司治理，才能避免在日后埋下隐患。

［延伸阅读］
雷士创始人与投资人交火①

2012 年 5 月 25 日，港交所（香港交易及结算所有限公司）一纸公告，拉开了雷士照明长达两年多的内斗序幕。

公告显示，时任公司董事长兼 CEO（首席执行长）的吴长江辞职；公司大股东软银赛富首席合伙人阎焱出任董事长，公司第三大股东法国施耐德电气的张开鹏当选 CEO。

消息一出，雷士照明 36 家省级经销商立即组团抗议，声援吴长江。7 月初，雷士照明惠州和万州工厂举行大罢工，上述 36 家经销商中止与公司签订的订单。在经销商的威胁下，董事会选择妥协。

2012 年 9 月初，吴长江重返雷士，担任公司临时运营委员会负责人。

重回董事会的吴长江，并没有因为与阎焱的争斗而停止招商引资的脚步。2012 年年底，他找到了阎焱的安徽老乡王冬雷。

与阎焱不同的是，王冬雷并非游历于资本圈的大鳄。相反，他与吴长江都是在实业界摸爬滚打多年的老手。事实上，正是由于王冬雷深谙商场规则，因此在与吴长江的争斗中，他比阎焱更懂得如何直击吴长江的要害。

2012 年 12 月，德豪润达累计以 13.4 亿元收购吴长江持有的雷士照明 6.33 亿股普通股。收购完成后，德豪润达持有雷士照明 20.05% 股份，成为公司最大股东。吴长江持股 6.79%，成为继德豪润达、软银赛富和法国施耐德电气后的第四大股东。

---

① 仁达方略案例数据库.

然而，这场看似一拍即合的联姻，实际却是貌合神离。

在交易前夜，吴长江和王冬雷私下签下“秘密协议”，力求将双方利益捆绑为一体。据吴长江公开的协议显示，双方约定在德豪润达成为雷士照明第一大股东后，德豪润达必须通过向吴长江定增使其成为德豪润达第二大股东。与此同时，吴长江拥有雷士照明的总裁及管理层任命权，且德豪润达必须提名吴长江或吴长江指定的人作为雷士照明的董事及董事长。另外，德豪润达及王冬雷须向吴长江提供8亿元港币（或等值人民币）借款。

在吴长江看来，王冬雷当初用这一纸承诺欺骗了他。德豪润达完成对雷士照明的收购后，他亦以7.6亿元人民币向德豪润达认购1.3亿股定增股票，并成为德豪润达第二大股东。然而，自己最终既没有进入德豪润达董事会，也没有拿到8亿元港币借款。

而在王冬雷眼中，这份“秘密协议”不过是商场上常见的“君子约定”而已，意在支持双方工作。当时出于对吴长江的不信任，提出在协议上增加两个前提：一是不能损害股东利益，二是协议有效期是一年。不过，从吴长江所公布的协议中，并未发现“一年有效期限”相关字样。

如今，两人都认为是自己救了对方。王冬雷说，当时吴长江将所有股票都抵押在银行，因无力支付还款，马上将被银行强行平仓。在这个关头，自己溢价4亿元，以13亿元价格收购了吴长江的股票，将他从破产的边缘救了回来。

而吴长江则表示：“当时德豪润达财务状况很差。德豪润达一名原高管说，如果没有2012年的合作，公司会崩盘。王冬雷当时还给他母亲打电话，说德豪润达终于死不了了。”对于吴长江的言论，王冬雷回应，如果财务状况不好怎么能拿出13亿元？

事实上，双方的说辞均非空穴来风。吴长江曾数次向媒体承认，自己当时确有财务困难，“因此才被王冬雷乘虚而入”；而据德豪润达2012年年报显示，公司营业收入较同期下降10.04%；营业利润亏损2433万元，较同期下降117%；净利润同比下降58.71%。

进入2013年，雷士照明经历了一连串人事变动。1月13日，吴长江重新当选雷士照明 CEO；与此同时，王冬雷进入董事会，当选公司非执行董事。三个月后，阎焱辞任董事长等职务，彻底退出董事会；王冬雷接任公司董事长。6 月 21 日，吴长江重回董事会，当选执行董事；同时当选执行董事的，还有王冬雷之弟王冬明。

王冬雷和吴长江承认，双方在最初的合作中，度过了一段蜜月期。甚至有人评论“行业的两位巨头英雄相惜，在舞台上你唱我随，长袖善舞”。

然而，短暂蜜月之后，双方关系迅速走向瓦解。

在吴长江看来，王冬雷“喜欢越权”“不断做违规的事”“引起管理层极大不满”。他告诉腾讯财经，两人积聚的矛盾在 2013 年 6 月首度爆发。

2013 年 7 月，王冬雷开始清洗多家子公司的董事会。吴长江、吴长勇、穆宇等人出局。随后，董事会颁布新规，规范客户赊销、授信管理制度和经销商、代理商、品牌许可证等行为。

8 月 8 日，这场“内斗”浮于水面。当天，一段王冬雷与吴长江两队人马在公司总部发生肢体冲突的视频流出。与此同时，雷士照明发布公告，称董事会决议罢免吴长江 CEO 职务，由王冬雷担任临时 CEO。同时罢免吴长勇、穆宇、王明华三人的副总裁职务。

随后，两人马不停蹄地借助媒体，隔空对垒，互斥对方进行利益输送，试图掏空公司。8 月 11 日，两人分别在重庆和北京召开记者发布会。王冬雷更是公布一段吴长江承认欠下 4 亿元赌债、每月利息超千万元的录音，以证明吴长江有利益输送的动机。公司 36 家省级经销商中，已有 33 家支持罢免吴长江。

失去了经销商的支持，吴长江显得势单力薄。

慷慨、义气，这是一部分中国民营企业家留给大多数人的印象。这种江湖气息有如一把双刃剑。以吴长江为例，正是他多年来讲究兄弟情义，使得经销商一直围绕在他身边，为企业带来稳定的销售渠道，也两度将他从悬崖边营救回来。

然而，这一次，雷士照明的 36 家省级经销商中，至少有 33 家支持罢免吴长江。多名经销商在股东会现场对媒体表达了对于雷士长期内斗的担忧，多次的内斗让他们体会到了断货之苦。曾经靠着江湖义气带领“兄弟们”“打江山”的吴长江，却让“兄弟们”一而再、再而三地陷入运营困难——这一次，他们选择了“长痛不如短痛”。

无规矩不成方圆，当充满个人色彩的价值观长期凌驾于现代化企业管理制度之上时，终究导致了企业内部混乱的局面。在“雷士风波”中，吴长江与王冬雷绕过董事会，私下签订“秘密协议”，最终引发矛盾，正是一个示例。

经过 2014 年 6 月份的股权变动后，吴长江对雷士的持股已减至 2.54%，事实上已经沦为一名职业经理人。然而，身为企业创始人的他，却没有遵守同股同权的原则，依旧牢牢握住企业控制权，尤其是品牌的授权权，遭到投资方的反对，从而引发冲突。

11 月 11 日，全民疯狂淘宝网购时，身兼德豪润达和雷士照明两家上市公司董事会主席的王冬雷宣布了一个重磅消息：德豪润达将于 11 月 14 日复牌，雷士照明或将下周复牌。德豪润达与雷士照明的整合正在进行中。这场满城风雨的“雷士风波”，被外界评价为一场王冬雷和吴长江因争夺控制权而引发的闹剧。

故事的结局是吴长江出局。

仁达方略观察认为，在中国民营企业发展史中，创始人和投资人“交火”的案例不在少数，如早前的贝恩资本与国美创始人黄光裕，再如鼎晖创投与俏江南创始人张兰。双方爆发的利益纠纷，本质都是上市公司规范化治理的问题。

也许，阎焱在谈及“雷士内斗”时的一句话，至今仍然值得企业家警醒。他说：“中国的民营企业需要有制度化管理，按照程序、按照规则办事，不能够像过去一样，企业由个人说了算。”

第二章

法人治理结构设计

股东大会、董事会、监事会和经营人员之间是相互制衡关系。股东作为所有者，掌握着最终的控制权；可以决定董事会人选，并有推选或起诉某位董事的权利，但是一旦授权董事会后，股东就不能随意干涉董事会的决策了。董事会拥有支配法人财产的权利和任命、指挥经营人员的权利，但是董事会对股东负责，股东大会是公司最高权力机构。经营人员受聘于董事会，经营业绩受到董事会的监督和判定。

法人治理结构是现代公司制度核心

现代企业制度是指以完善的企业法人制度为基础，以有限责任制度为保证，以公司企业为主体，以产权清晰、权责明确、政企分开、管理科学为条件的新型企业制度。企业制度一般包括三种类型：业主制、合伙制和公司制。

业主制的物质载体是小规模的企业组织，即通常所说的独资企业，在这种企业制度中，出资人既是财产的所有者又是经营者，企业主可以按照自己的意志进行经营并获得全部收益。

合伙制是一种由两个或两个以上的人共同投资并分享剩余价值，共同监督和管理的企业制度。现代公司制度主要有有限责任公司和股份有限公司两种类型，企业的资本来源一般比较广泛，出资人即股东对公司负有限责任，公司的利益归全体股东所有。业主制和合伙人制由于出资人既是企业的所有者又是企业的经营者，对企业日常运营的监管要求较低。

公司制企业是众多投资者共同投资形成，原则上要求所有投资者即股东对公司的一切事务做出决策，但是这样做是不现实的，也不能产生高效率，光是平衡各方的利益就得花费大量的时间，这种资本构成的多元化客观上决定了公司组织管理形式不能由所有投资者直接管理。但是出资者（或股东）对于别人支配自己的财产又不放心，因而产生了法人治理结构的要求。同时，股东要保障公司为自己提供财产收益，最直接、最有效的方式就是用法人治理结构来进行管理和控制。

所有权和经营权分离是现代企业的重要特征，解决两权分离所带来的最关键问题就是处理法人治理结构的委托代理关系，这也是法人治理结构的核心所在。科学合理的治理结构是解决所有权、经营权分离问题，更是处理权责明确、产权清晰的关键所在。从法人治理结构的内在关系上看，董事会是股东大会的代理机构，受股东大会的委托，管理公司的法人财产并负责经营。董事会接受股东的委托后，成为公司的代表，股东不能随意干预董事会对公司的经营管理，仅在董事会玩忽职守、未尽勤勉管理公司义务，并造成公司损害时，股东作为出资者才有权起诉，要求董事会责成相关董事对公司的起诉进行赔偿。股东也可通过股东大会投票表决对董事的聘用，从而来体现股东作为所有者的地位。法人治理结构便是通过上述关系的处理来解决现代公司制度的所有权和经营权分离。

现代公司制度的又一特点是公司行为的高度规范性。公司的高度规范性主要取决于公司内部组织构架的规范性，且最终要取决于公司法人治理结构的高度严谨性。因为公司治理结构不仅指其组织构架，更在于其结构之间关系的确定，及各结构职权运作方式的确定，合理、科学地处理股东会、董事会、监事会之间的关系，使治理结构有序规范地运作，才能实现现代公司制度的高度规范性，才能够在法律调整的情况下形成有效的内在运行机制。

法人治理结构的实质就是委托代理关系，包括股东会、董事会、监事会之间的职权划分，运作方式等关系。其中，董事会在上述关系中起决定作用，解决了现代企业制度的规范性，解决了公司制度的所有权、经营权分离制度，逐步实现目前股东会为中心的治理结构向董事会为中心的治理结构转化，本质上确定了其在现代公司制度中的核心地位。

组成部分

公司法人治理结构，按照公司法的规定由四个部分组成：

（1）股东会或者股东大会，由公司股东组成，所体现的是所有者对公司的最终所有权；

（2）董事会，由公司股东大会选举产生，对公司的发展目标和重大经营活动作出决策，维护出资人的权益；

（3）监事会，是公司的监督机构，对公司的财务、董事、经营者的行为发挥监督作用；

（4）经理层，由董事会聘任，是经营者、执行者。

公司法人治理结构的四个组成部分，都是依法设置的，它们的产生和组成、行使的职权、行事的规则等，在公司法中做了具体规定，所以说，公司法人治理结构是以法制为基础，按照公司本质属性的要求形成的。

构建原则

法人治理结构不规范，所建立的现代企业制度就全是假的。为此，1998年4月，由29个发达国家组成的经济合作与发展组织（OECD）成立了一个专门委员会，根据世界各国的公司治理经验和理论研究成果，制定了公司治理结构的国际性准则——公司治理结构原则。该原则旨在为各国政府部门制定有关公司治理结构的法律和监管制度提供参考。其主要内容包括5个方面：

（1）法人治理结构框架应当维护股东的权利；

（2）法人治理结构框架应当确保包括小股东和外国股东在内的全体股东受到平等的待遇。如果股东的权利受到损害，他们应有机会得到有效补偿；

（3）法人治理结构的框架应当确认利益相关者的合法权利，并且鼓励公司和利益相关者为创造财富和工作机会以及为保持企业财务健全而积极地进行合作；

（4）法人治理结构框架应当保证及时准确地披露与公司有关的任何重大问题，包括财务状况、经营状况、所有权状况和公司治理状况的信息；

（5）法人治理结构框架应确保董事会对公司的战略性指导和对管理人员的有效监督，并确保董事会对公司和股东负责。

从OECD制定的标准和经验来看，一个有效的公司法人治理结构模式，起码需要具备以下几个条件：一是能与该国的经济发展和资本市场发展水平相适应；二是能保证公司实现长期的稳定增长与发展；三是能保证公司所有者对公司的经营者进行有效的调控；四是能保证公司经营者具有独立的生产经营自主权；五是能有效地运用激励和控制等机制全面地调控所有者、经营者和公司职工的行为，并充分地发挥各自的积极性。

上述原则和条件，为我国公司法人治理结构提供了有益的借鉴。公司法人治理结构的建立应当遵循的原则是：

（1）法定原则

公司法人治理结构关系到公司投资者、决策者、经营者、监督者的基本权利和义务，凡是法律有规定的，应当遵守法律规定。

（2）职责明确原则

公司法人治理结构的各组成部分应当有明确的分工，在这个基础上各行其职，各负其责，避免职责不清、分工不明而导致的混乱，影响各部分正常职责的行使，以致整个功能的发挥。

（3）协调运转原则

公司法人治理结构的各组成部分是密切结合在一起运行的，只有相互协调、相互配合，才能有效率地运转，有成效地治理公司。

（4）有效制衡原则

公司法人治理结构的各部分之间不仅要协调配合，而且还要有效地实现制衡，包括不同层级机构之间的制衡、不同利益主体之间的制衡。

明确权责边界，构建法人治理结构

现代公司的权力系统由股东大会、董事会、监事会和经理层共同组成。它们被赋予不同的权力，有明确的权力边界，并组成相互关联的公司决策机制。由于股东大会、董事会、经理层存在层级委托代理关系，决策权力分配也相应形成一种层级关系，即层级制决策机制。它分为三个层次：第一层次是股东大会的决策，这是公司最高权力机构的决策；第二层次是董事会决策，它是公司常设决策机构的决策；第三层次是经理层决策，它是公司日常经营管理层面的决策。

股东大会是公司最高权力机构

股东大会作为公司最高权力机构，拥有决定公司的经营方针和投资计划，选择和更换高层经营管理人员等决策权力。这些决策权具体表现为：

（1）审议公司章程，决定公司的经营方针和投资计划；

（2）审议财务报告，对公司合并、分立及解散事项做出决定；

（3）选举和罢免董事，决定董事的报酬事项。

股东大会决策权的行使是通过召开不同种类的股东大会来实现的。公司股东大会主要分为普通年会和特别年会两类。前者是指公司一年一次必须召开的股东大会，后者是指两次年会之间不定期召开的讨论决定公司重大决策问题的股东会议。股东大会的表决方式直接影响股东对决策权的行使。股东的投票权是以持有的股权为基础所分配的，即所有投票者一律平等，每股一票。股东大会的表决方式一般有直接投票、累积投票、分类投票等几种。

直接投票是指每股享有一个投票权。在选举表决董事时，掌握多数股权的股东一般可以决定所有董事人选。

累积投票是指股东在投票决定董事人选时，每一股拥有与将当选董事总人数相等的投票权并可以把所有这些票数集中投在某一个自己中意的人选上。这种投票表决机制可以有效地减弱大股东对董事选举的控制。

分类投票是指公司发行在外的表决股，为了达到其特定目的而由各类别作为独立单位进行投票的一种方式。采取这种方式通过一项决议，必须得到“双重多数”同意：一是要求在股东大会表决获多数股权持有者同意；二是要求获得各类别中各自多数股权持有者的同意。

董事会是公司的最高决策机构

在股东大会闭会期间，董事会是公司的最高决策机构。董事会是公司的常设权力机构，向股东大会负责。董事会的重大决策权主要有：

（1）制定公司的经营目标、重大方针和管理原则；

（2）选聘公司经理人员，决定其报酬与奖惩事项；

（3）公司治理研究：股权结构与治理机制，制订公司利润分配方案，提交股东大会审议；

（4）制订公司的年度预、决算方案，提交股东大会审议；

（5）决定公司的财务原则和资金的周转；

（6）制定公司管理制度和决定公司内部管理机构的设置；

（7）决定公司的产品和服务价格，工资、劳资关系；

（8）代表公司签订各种合同；

（9）决定公司员工的福利待遇；

（10）召集股东大会。

董事会的决策有规范的决策程序和方式可循。董事会会议分为两种：一种是普通会议，它是按照规定定期召开的会议；另一种是特殊会议，它是董事会认为必要时召开的会议。董事会议必须要有符合法定的人数出席方为有效。一个有效的董事会议，只要由出席会议的董事法定人数中的多数通过的决议，即可作为整个董事会议的决议。董事会会议的表决，每位出席会议的董事均有平等投票的权利，每人一票。投票时，如果出现僵局，董事长往往有权行使裁定权，即具有决定性的投票权利。如果董事会的决议与股东大会的决议发生冲突，应该以股东大会的决议为准。

经理层是董事会决策的执行者

经理层是董事会决策的执行者，并具体负责组织公司生产经营管理活动，对日常经营管理活动有以下决策权：

（1）拟订公司的发展规划，年度生产经营计划和年度财务预、决算方案；

（2）对日常经营管理活动负责组织、指挥和调控；

（3）任免公司中层管理人员；

（4）决定对本公司一般职工的奖惩、晋级、薪酬、聘用、辞退等；

（5）代表公司对外处理业务等。

制衡关系是三会一层的关键

从法律上讲，股东大会与董事会之间存在的是一种信任托管关系，董事会与高层经理人员之间是委托代理关系。三会一层之间，相互形成制衡关系，公司治理才能发挥理想作用。

股东与股东之间的关系

投资者通过认购股票成为公司股东之后，就开始了股东与股东之间的相互制衡关系。这种相互关系主要体现在两方面：第一，有限责任制度即不管公司的经营由于决策失误造成多大的财产责任，每个股东仅以其出资部分的金额为限承担有限责任，通过有限责任来解决股东与股东之间的资产责任问题。第二，权利的合理分配。一是股东有根据一股一票在股东大会上投票的权利，同时股东又有权随时转让自己的股份。前者称为“用手投票”，后者称为“用脚投票”。

股东大会与董事会之间的关系

在法人治理结构中，董事是股东的受托人，承担受托责任，受股东大会的信任委托，托管公司的法人财产和负责公司的经营，这是一种信任托管关系。其特点在于：第一，一旦董事受托经营公司，就成为公司的法定代表。股东既然将公司交由董事会托管，则不再去干预公司的管理事务。股东可以“用手投票”或“用脚投票”来表达自己的意愿。第二，受托经营的董事不同于受雇经理人员，不兼任执行人员的董事一般不领取报酬，只领取一定的津贴。第三，在法人股东占主要地位的情况下，大法人股东往往派出自己的代表充当被持股公司的董事。

董事会与公司经理人员之间的关系

在一个信息不完备的经济环境中，代理人并不总是以追求委托人最大利益作为自己行为的最高准则。所有权与经营权的分离会产生所有者（委托人）和经营者（代理人）之间的激励不相容、信息不对称和责任不对等等问题。由于信息的不完备、不对称又会产生经营者的逆向选择和道德风险。因此，受托人有必要设计恰当的激励机制和约束机制以获取更大的利益。

不容忽视的其他相关利益者

员工参与公司治理

国内外诸多知名企业在谈及其成功经验时，有相当一部分认为在于员工积极参与公司治理。

作为公司员工而言，他们是公司财产的直接创造者，是社会商品的直接生产者，他们具有公司劳动者和公司股权所有者的双重身份。因此，公司员工必须既要考虑发展生产力，提高公司经济效益，又要考虑员工的经济利益，调动员工参与公司改革和建设的积极性，充分发挥其主力军的作用。

公司治理结构模式可建立工人董事会制度，把公司员工放到一个重要的位置，力争实现员工与管理的有机统一，从而充分调动员工参与公司生产经营管理的积极性。

《公司法》（《中华人民共和国公司法》）中明确指出："公司研究决定生产经营的重大问题，制定重要的规章制度时，应当听取公司工会和职工的意见和建议，监事会由股东代表和适当比例的公司职工代表组成……监事会的职工代表由公司职工民主选举产生。"党的十五届四中全会通过的《中共中央关于国有企业改革和发展若干重大问题的决定》中也指出："坚持和完善以职工代表大会基础形式的企业民主管理制度，实行民主评议企业领导人和厂务公开。"

工人董事参与决策，建立了执行决策的保障体系，不仅可以给董事会的决策提供支持，而且可以动员广大职工为董事会正确决策的执行和实施提供最大可能的力量源泉，有利于公司法人治理结构的建设和完善。国外股份公司在其长期发展的过程中，经过反复的实践和正反两方面的经验积累，已经形成了比较完善的法人治理结构模式，并且已经用法律的形式加以固定了下来。我国企业在实行公司制改制的过程中，应当吸取这些成功的经验。从中国现实着手研究中国公司法人治理结构的选择和构建，其目的不是建立一个未来理想的模式，而是通过比较分析，试图提出一个目前可行的模式。采用国际通行的法人治理结构的模式，反映了公司制企业发展的一般规律。尽管所提出的建议还仅是一种思路和框架，但毕竟使法人治理结构不流于形式，其科学化和规范化的治理是将人治机制转变为法制机制。

员工参与公司治理，既是人的经济价值的提高，也是缓和劳资冲突以提高公司组织效率的需要。为了充分发挥职工的主人翁意识，应当创造条件让职工参与公司法人治理。

银行等金融机构的治理角色

鉴于我国目前企业大多通过外部融资渠道又以银行贷款等间接融资为主的情况，银行等金融机构应该介入公司法人治理结构中去。商业银行在对公司进行评估的基础上，介入公司的内部治理机构，进行权力渗透和干预公司的经营活动，能促使其朝着正确的方向发展。若在经济状况不好时，银行等金融机构还可以采取一定的措施进一步投资或接管，促使企业扭转局面，达到偿债的目的。日本的主办银行制度、德国的主持银行制度，都体现了金融机构在公司治理结构中扮演着重要角色。

通过以上各方面的措施，可以使我国企业的法人治理结构更加完善，并促进其管理水平的提高。当然，完善和改进公司治理结构是一项复杂的工程，不是一朝一夕就能做到的。我们应学习西方国家几百年来公司治理的成功经验，吸取其惨痛教训，结合我国当前实际，探索出具有中国特色的、行之有效的公司运作机制。

一个没有完善治理结构的企业在激烈的市场竞争中将难以生存，一个管理水平很差的企业，也不可能走得很远。从本质上讲，企业竞争优势来自于企业内部持续不断的核心竞争力的提升，而核心竞争力的培养、管理水平的提升又来自于企业治理结构的持续改进和有效执行。因此优化和完善治理结构和治理机制，建立现代企业制度并提升企业管理水平，促进企业持续健康发展，是企业发展中一项重要的系统工程，是企业提升管理水平的根本所在。

仁达方略在多年法人治理咨询经验中认为，探索中国公司法人治理结构需要有一个渐进的过程，以科学、积极的态度，在改革的实践中不断总结经验。促进这一过程的发展要允许群众的创造性发挥，积极探索多方参与，允许公司制企业法人治理结构形式的多样化。

企业发展需要契约精神

公司治理是关于公司剩余索取权和控制权分配的一整套制度安排，核心问题是解决代理人与委托人利益目标不一致的问题。委托代理理论和不完全契约理论构成公司治理的理论基础。现代公司所有权与控制权的分离导致所有者与经营者的委托代理关系的出现，由于代理人的“经济人”本性，代理人（经营者）有可能并不总是按委托人的利益采取行动，从而发生在代理行为活动中背离委托人（所有者）的利益目标的现象。根据委托代理理论，现代公司需要建立一套既能有效地监督约束代理人的行为，又能激励代理人按委托人的目标和为委托人的利益而努力工作，从而降低代理成本的公司治理机制与制度安排，这就是公司治理要解决的问题。

公司治理的另一重要理论支撑是不完全契约理论。不完全契约理论认为，在一个不确定性的现实世界中，契约不可能包括对未来各种可能状态的预测及其相应的权利与义务的安排。即使当事人能够对未来可能发生的各种状态做出预测，要准确地描述每种状态也是很困难的；即使描述了，由于事后的信息不对称，当实际状态出现时，当事人和第三方（法院）也不能证实；即使法院能证实，执行起来也可能成本太高。这样，契约中总是有一些关于权利义务的分配及相关事项未被包含在内。因此，契约就总是不完全契约。根据现代契约理论，企业实际上就是一组契约的集合，而契约又总是不完全的。这就产生一个重要的问题，在契约未预期事件发生情况下，谁行使决策权和控制权。也就是说，企业需要解决剩余控制权归谁所有的问题，它实际上就是公司治理的一个基本问题。

但在中国，相当多的企业实际执行的是基于关系的“人治模式”。中国民营企业普遍处在创业者主导的家族治理和管理阶段，公司治理和公司管理在很大程度上由创业者的个人能力、喜好、人格魅力、领导风格所决定，“人治色彩”浓厚。

雷士风波、俏江南鼎晖反目、相宜本草事件等一系列矛盾和冲突，折射出的确实是“人治模式”面对“法治模式”的无力。

随着企业的发展，投资机构和产业大鳄更加熟悉法律制度、市场机制和公司治理，其行事模式主要以契约为基础。虽然在人治模式普遍存在且主要以关系为基础的中国市场，他们有时难以在“感情”上全面获得员工、经销商、供应商等核心资源的支持，但是专业老道的投资者通过法律制度、市场机制和公司治理的安排约束甚至“算计”不是那么专业成熟的创业者，已经可以较为有效地达到巧妙、合理地转移转嫁风险，最大化自身利益的目的。

仁达方略研究认为，随着企业的不断成长，企业遵循的模式应不断变化和完善。

企业发展初期，创始人往往身兼多职，企业家自身的能力和精神在企业的发展中起着至关重要的作用，企业采用“人治”，反而是比较经济的一件事。

企业摆脱生存，进入发展稳定阶段，逐渐建立了专门的部门去开展专门的业务，部门之间、员工之间的日常工作已经不能再单纯依赖企业家的口头约定，而是需要建立规章制度，按照约定的规范去执行。

随着企业逐步发展壮大，外部投资机构的引入，众多纠纷告诉我们，如果企业家此时仍然没有建立起规范的法人治理素养和技能，则很容易进入被吃掉的境地。

显然，公司治理对于现代企业的重要性不言而喻，而公司治理的真谛则是契约精神。

［延伸阅读］
中建材三大治理法宝①

中国建筑材料集团有限公司［中国建材集团（CNBM）］，1984 年创立，前身为中国新型建筑材料集团公司，2003 年 4 月更名为中国建筑材料集团公司，系由国务院国资委直接监管的大型建材央企，2013 年列中国制造业 500 强第 15 位，2014 年列美国《财富》世界 500 强营业收入第 267 位。现拥有资产总额超 4100 亿元，员工总数超过 18 万名，直接管理的全资、控股企业 17 家，控股上市公司 6 家，其中海外上市公司 2 家。与日本三菱集团、荷兰辉固国际集团等建立了全面战略合作关系。(其组织框架见图 2－1)

作为典型的产业控股型集团公司，集团总部定位为战略中心、决策中心、资源中心、政策文化中心，行使出资人权利，下属各子公司为经营平台、利润中心。2014 年 7 月中国建材集团（CNBM）成为国资委“四项改革”试点中混合所有制经济和央企董事会行使三项职权的双试点企业。

国务院国资委作为政府授权的出资人，享有国家出资人股东权利。中国建材集团（CNBM）党委领导下，设董事会、国有企业监事会和经理层，董事会内设战略与投资委员会、提名委员会、薪酬与考核委员会、审计与风险管理委员会，经理层由董事会直接任免。国资委、董事会、国有企业监事会、经理层之间形成相互制衡的法人治理体系。

① 仁达方略案例数据库.

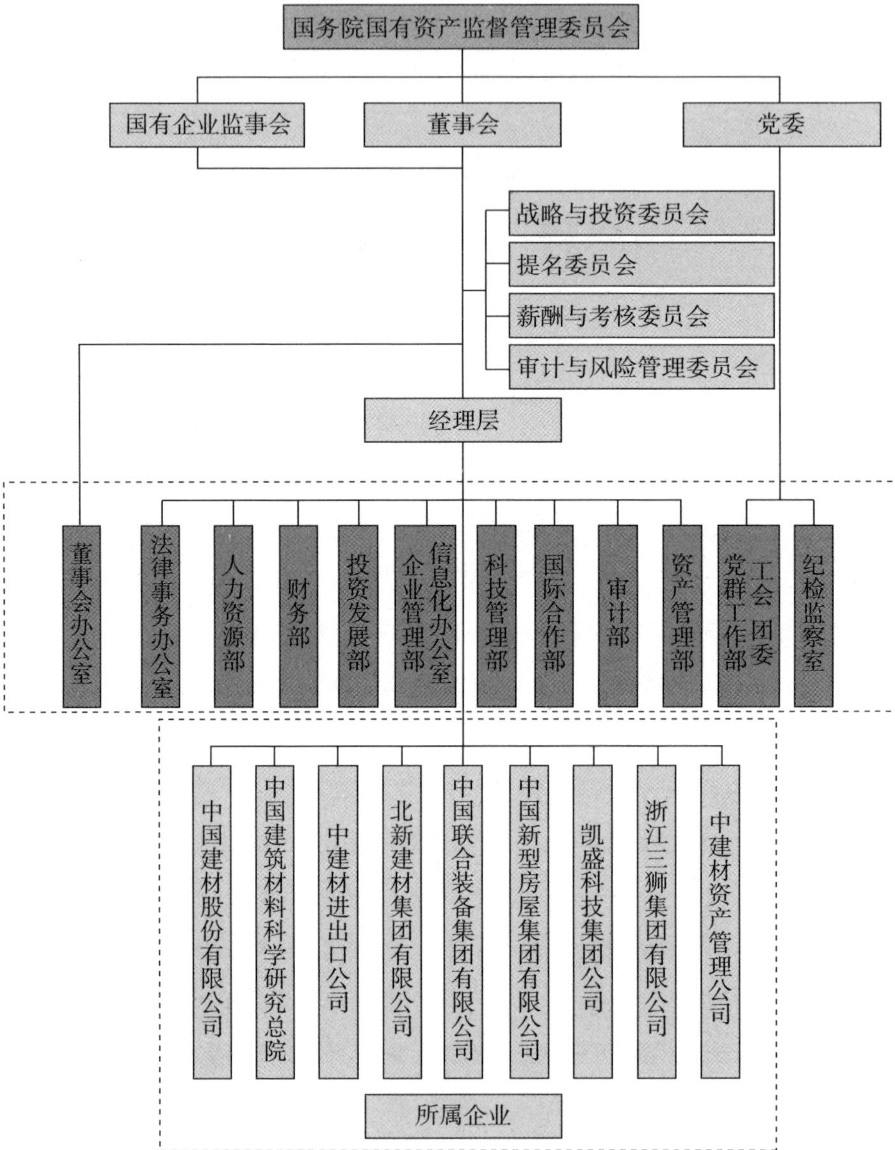

图 2－1　中国建材集团组织架构

资料来源：中国建材集团官网

“三会”各司其职，高效运作

作为公司治理的重要组成部分，董事会、监事会、党委各司其职，人员有所重叠，三者之间各自定位明确，相互之间沟通良好。董事会职能应该定位于决策和监督，监事会的职能应定位于监督；党委会职能则以“双向进入、交叉任职”为主要方式，保证公司重大事项符合党的路线方针政策。

中国建材如何处理好董事会与监事会的关系？第一，董事会与监事会在监督经理层上职责关系的界定。董事会对经理层的监督只限于执行情况的监督；而监事会对经理层的监督是全面的监督。第二，监事会对董事会制衡机制的设计。监事会对董事会决策过程的监督；监事会对董事会的评价；监事会对董事个体职业行为和业绩的监督与评价，特别是监事会对外部董事进行职业行为和业绩的评价和监督。第三，董事会与监事会沟通机制的设计。主要表现为规范沟通形式、拓宽沟通渠道，制定明确的程序保障其应有的监督权。监事会实行年会制，与董事会成员和职工监事等沟通，并帮助和全方位监督企业运行。在与党委关系等处理上，中国建材的董事会坚持对重大问题统一决策、企业党组织参与重大问题决策的原则，既确保董事会的重大决策主体地位，又确保党组织有效参与；既坚持党管干部的原则，又保障董事会依法选择经营管理者；既有效发挥各自的作用，又不丧失效率、不模糊责任。

中国建材从探索理顺董事会、监事会、党委三者之间关系，到企业高管的任免考核，均贯穿着市场化思维。三者遵守“市场规则”，各司其职，但又坚持“合规”“合法”；在人才选聘方面，中国建材强调市场化运作，由市场决定性价比最为合适的人才。中国建材的案例让我们思考，在市场经济颇为流行的今日，用市场化思维来指导董事会的改革不失为一个良策。

三层混合结构

央企中，中国建材集团混合所有制程度较高。截至 2013 年年底，中国建材集团所属各类企业中，混合所有制企业数量超过 85%。集团直辖全资、控股企业 17 家，控股上市公司 6 家，其中海外上市公司 2 家。

10 年来，中国建材集团（CNBM）重组民企近千家，率先自发探索发展混合所有制取得显著成效：2013 年营业收入超 2500 亿元、利润总额 120 亿元，成为中国最大综合性建材产业集团，列世界 500 强。2014 年 7 月，国务院国资委充分肯定 CNBM 混改经验，确定为建材领域混合所有制试点央企。中国建材集团三层混合结构具体做法：

第一层，上市公司，如二级企业中国建材作为中国香港上市公司吸纳大量社会资本，目前国有股占比 46.67%，公众投资者持股占比 53.33%，2013 年营收占集团总营收的 48%、利润总额占 92%、资产总额占 86%。

第二层，南方水泥、北方水泥等四大水泥公司组成大型业务平台，把民营企业的一部分股份提上来交叉持股。

第三层，水泥厂层面的企业里，给原来所有者留 30% 左右的股权。受益于混合所有制，中国建材集团所有者权益由 20 多亿元上升到 220 亿元，同时吸纳小股东权益 440 亿元，以 660 亿元的净资产撬动 4000 亿元资产。

2002 年受市场倒逼，中国建材集团（CNBM）为摆脱高达 32 亿的银行债务，制定并实施水泥行业联合重组策略，通过市场竞合，组建中国建材股份有限公司。2007 年 9 月—2011 年 12 月，在原中国联合水泥（年产能仅 130 万吨）的基础上，合资重组成立南方水泥、北方水泥、西南水泥等公司，股权结构中，为被重组民企老板保留一定股份。联合重组奠定了中国建材集团独具特色的混合所有制法人治理框架，中国建材集团水泥总产能达 4.5 亿吨，列全球第一。

2006 年，中国建材股份有限公司在香港联交所 IPO（首次公开募股）挂牌上市，共募资 110 亿港元。资本运营、联合重组成为中国建材集团快速发展的两个关键轮子。

“三盘牛肉”“央企市营”概念

2008 年，中国建材集团董事长宋志平提出“央企市营”的概念，核心内涵是：股权多元化；规范的公司制和法人治理结构；职业经理人制度；内部市场化机制；依照市场规则开展企业运营。

中国建材集团依托“央企市营”理念、运作模式，在市场化混改中，不断与社会资本和民营资本“混合”，实现了包容性增长。

“三盘牛肉”是宋志平对收购时给出条件的比喻：第一盘，公平的收购价格，政策允许范围内可适当溢价；第二盘，中国建材留部分股权给被收购企业，一般为30%；第三盘，原有企业老总留在岗位上，转为职业经理人。民营企业家带着股份加入，实现了所有者的真正到位，增加内部监督，从根本上保证现代企业制度落实。

“三盘牛肉”解决了与市场接轨、产权关系和职业经理人等混合所有制企业中三个核心问题，确保了所有者到位，奠定了中国建材在产权和混合方面的制度基础和实现路径，收到理想效果。中国建材的收购实现了双赢，业绩表明，中国建材2013年营收1177亿元、净利润57亿元，而2006年仅分别为65亿元和不到3亿元。

第三章

股东大会与股权博弈

现代公司治理的一个重要理念就是所有权和经营权的剥离。但在此间，当经营者在经营过程中因过失或者故意损害了所有权利益的时候，公司资产的出资人依照公司章程及相关法律的规定保护自己的利益，这无可厚非。但对于一个想要获得良性发展的公司而言，如何避免这些问题的出现才是上策。

股东会是最高权力机构

股东会是由全体股东共同组成。股东会是公司最高权力机构，决定公司重大事项，制定经营方针和投资计划。股东会对公司重大事项进行决策，有权选任和解除董事，并对公司的经营管理有广泛的决定权。股东大会既是一种定期或临时举行的由全体股东出席的会议，又是一种非常设的由全体股东所组成的公司制企业的最高权力机关。它是股东作为企业财产的所有者对企业行使财产管理权的组织。企业一切重大的人事任免和重大的经营决策一般都须得到股东会认可和批准方才有效，而股东大会可以分三种：

法定大会

凡是公开招股的股份公司，从它开始营业之日算起，一般规定在最短不少于一个月，最长不超过三个月的时间内，举行一次公司全体股东大会。会议主要任务是审查公司董事在开会之前 14 天向公司各股东提出的法定报告。目的在于让所有股东了解和掌握公司的全部概况以及进行重要业务是否具有牢固的基础。

年度大会

股东大会定期会议又称为股东大会年会，一般每年召开一次，通常是在每一会计年度终结的 6 个月内召开。由于股东大会定期会议的召开大都为法律的强制，所以世界各国一般不对该会议的召集条件做出具体规定。年度大会内容包括：选举董事，变更公司章程，宣布股息，讨论增加或者减少公司资本，审查董事会提出的营业报告，等等。

临时大会

临时大会讨论临时的紧迫问题。除了上述三种大会外，还有特种股东会议。股东大会临时会议通常是由于发生了涉及公司及股东利益的重大事项，无法等到股东大会年会召开而临时召集的股东会议。但其必定有相关法律规定、各项条例等限制。而德国、日本等国家的法律则采取的是抽象式的立法，即不具体列举召集条件，而将决定权交由召集权人根据需要确定执行。

【案例】

未行使表决权致使股东会决议无效

2013 年 12 月，上海某高新材料有限公司在先后无端把沈某登记为发起人股东和增资人民币（以下币种同）25 万元、50 万元、145 万元的股东后，通过向工商行政管理局登记部门出具的冒原告名义的《企业投资人名录》《验资报告》等虚假材料，再一次把沈某变更登记为进一步增资 45 万元的股东。其中用于工商登记的主要文件股东会决议、公司章程等，完全是冒原告签名而成的。原告沈某从未在被告处享有和履行过股东权利和义务，故股东会决议涉及的原告增资 45 万元事实虚假。沈某并非被告股东，也非名义股东，即使被告股东有虚假出资的情况，也与被冒名的原告无关。现起诉法院，要求确认被告于 2013 年 12 月 2 日作出的股东会决议无效。

就法理而言，"契约应诚实履行"。任何公司均应具有合法标的，应为股东的共同利益而设立，故公司是股东之间的一种契约关系，即公司契约。既然契约当事人负有诚实义务，股东间的关系也是在履行其缔结的公司契约，因此也须诚实地行使权利。法律目前规定了决议存在无效和可撤销两种情形。本案中，涉案文件是以股东会决议形式存在的，且经工商行政管理局备案，被告公司也依据该决议执行了相应内容。所以，股东会没有召开亦不影响决议实际存在、对外已经产生效力的事实。原告是否系被告股东暂且不论，即使作为公司内部（章程）以及外部（工商登记）记载的股东，其应享有法律规定的股东的一切权利，包括对议案表示可否的权利即表决权。然原告并未就涉案决议行使过表决权，公司其他股东剥夺原告股东权利的行为违反了禁止权利滥用和诚实信用原则。

最后，法院认定上海某高新材料有限公司于2013年12月2日作出的股东会决议无效。

股权结构设计与控制权

怎样设计股权结构

在进行股权结构设计之前，应该清楚认识到股权结构不是简单的股权比例或投资比例，而是以股东股权比例为基础，通过对股东权利、股东会及董事会职权与表决程序等进行一系列调整后的股东权利结构体系。

股权比例、公司管理、公司决策之间的关系

股权是一种基于投资而产生的所有权。公司管理权来源于股权或基于股权的授权。公司决策来源于股权，同时又影响公司管理的方向与规模。股东只要有投资，就会产生一定的决策权利，差别在于决策参与程度和影响力。

控股股东

取得决策权的股东是法律上的控股股东。成为控股股东的方式有两种：一是直接实际出资达50%以上；二是直接实际出资没有达到50%，但股权比例最大，再通过吸收关联公司股东、密切朋友股东、近亲属股东等形式，以联盟形式在公司形成控股局势。

表决权的取得

没能通过以上两种方式成为公司的控股股东，如何对公司进行控股呢？这种情况下，需要在公司成立之初，在公司章程的起草方面下功夫，以此扩大己方的表决权数。要实现这个股权设计的目的，一般情况下是己方有一定

的市场优势、技术优势或管理优势，通过这些优势弥补投资资金上的不足，来换取表决权。

股权的弱化或强化

股权的弱化或强化是出于对实际投资人的利益的保护，以及出于吸引优秀人才的考虑。常规的股权设计遵循的是同等出资同等权利，但遇有隐名股东、干股等情况，一旦有人诉求其完整股东权利或要求解散公司并要求分配剩余资产时，就会将公司推向危险的境地。因此，在实践中运用章程、股东合同等形式予以约束，明确相关股东之间的权利取舍，才可以有效避免今后产生纠纷。

表决程序

股东会与董事会是常见的公司重大事宜表决部门，但如何设计表决的形式及程序需要依据公司的实际情况而定。有些封闭式的公司规定股东对外转让股权时，要求全体股东的 2/3 表决通过才可以；有些公司对股东死亡后其继承人进入公司决策层及管理层的表决比例或时限作出特别限制。

总之，投资者应充分考虑自己的投资目的、投资额、投资所占公司比例，结合各项优势对股权结构进行深入的分析考虑，才能更好地维护自身利益，为公司稳健发展奠定基础。

股权结构与控制权

2005 年，阿里巴巴引进雅虎无疑是一笔极为合算的买卖，它为阿里巴巴后来的发展带来了充沛的资金和重量级的合作伙伴，也为其赢得了市场的关注和名声。2005 年，雅虎远非现在的日薄西山，阿里巴巴也还不能与其相提并论，可能雅虎也未料到，在短短的几年之后，它们之间的地位竟然彻底颠倒。即使马云穿越回 2005 年，也可能仍然无法拒绝该笔交易的诱惑，但肯定也会留下一两个小伏笔，为未来解决问题留下一些余地，而不会被兵临城下，迫不得已达成城下之盟。阿里巴巴的曲折经历告诉我们，即使再成功的企业，即使再厉害的企业家，都会面临股权问题，而其中的核心则是企业的控制权问题。

在股权结构的安排上，阿里巴巴与巨人应该是两个极端，这可能源于马云和史玉柱的不同性格、经历以及各自公司所从事的业务领域。从结果来看，阿里巴巴的股权结构在过去的这几年给阿里巴巴带来了一系列的困扰，甚至威胁到了阿里巴巴的正常发展，让马云背负不诚信的名声。但巨人从未有过类似的问题，从成立到上市，史玉柱都牢牢把握着巨人的控制权，巨人的控制权从未旁落。我们假设一下，在2005年雅虎入股阿里巴巴后，如果在发展过程中阿里巴巴遇到了一些挫折，而不是一切顺风顺水，那么其股东之间不会发生纠纷，其管理层还能掌握船舵，并能有今日的如日中天。但假设就是假设，假设没有发生，所以从另外一方面看，马云确实是一个商业天才，能人所不能，从夹缝中为阿里巴巴找到前行的空间，带领其一路高歌猛进。

无论是百度、阿里巴巴、腾讯，还是巨人，都已在境外资本市场上市，各位大老板都成为了“高帅富”，变成了传奇，站上了神坛，供普罗大众顶礼膜拜，相对于纯粹的“屌丝”级的民营企业，特别是创业阶段的民营企业，双方之间的距离不可以道里计。但在这些“大神”成长的轨迹中，也蕴含了一些值得我们借鉴的经验，股权结构和控制权的安排就是一个重要的方面。

股权有两层含义：一是经济利益，包括分红权、转让权、增资优先权、清算财产取得权等；二是经营管理权，即决策权，企业到底由谁说了算。一般而言，股权与控制权呈正比关系，当然并非绝对。对于财务投资者而言，觊觎被投资企业的控制权是很危险的；而对于企业创始人而言，失去企业的控制权也是很危险的。股东身份与控制权的错配，一般而言都会以悲剧结尾，也许是企业创始人的悲剧，也许是企业自身的悲剧。即使没有发生悲剧，股权结构不合理的企业也容易发生内讧事件，影响企业的发展。据研究，有两类股权结构的企业容易发生股权内讧事件：一是公司大股东股份过于平均，核心创始人过于依赖技术、市场团队，从股权结构上对公司没有控制权；二是在有外部投资者的公司中，外部投资者所持股份超过经营管理、技术等核心创始人的股份。真功夫、特尔佳、天健集团、朗讯科技属于前一种，阿里巴巴、雷士和国美则无疑是后一种。

在企业发展过程中，企业创始人需要考虑的一个核心问题是企业的股权结构问题，即股权的分配与控制权的匹配。企业的股权结构，并无一个标准的模式，因为它是动态的，总是随着企业的发展、时代的变迁、大环境的变化而不断演进。股权结构的安排，既受文化的因素影响，比如中国传统的家族文化，又受到法律环境的约束，比如公司法对于股权的具体规定。对于一个合格的企业家来说，如何权衡其中的利益，考虑其中的得失，从而取得平衡尤为重要，股权结构的合理安排是企业稳定发展的基础，在这方面，新东方为我们提供了一个很好的借鉴，俞敏洪花费了很长时间来思考、梳理新东方的股权问题，为新东方的上市、扩展奠定了根基。对于企业的股权结构，企业家需要妥善思考，并谨慎决策，在必要的时候还需要借助外部专业顾问的力量。

设计企业的股权结构有三个维度要考虑并进行平衡：一是企业创始人之间的股权安排；二是外部投资者的股权安排；三是股权激励。对于大多数企业而言，这三个问题也是三位一体、密不可分的。民营企业创始人的股权分配是一个很复杂的问题，从冯仑的《野蛮生长》中我们可窥见一斑，阿里巴巴、三一和联想也不失为好的榜样。企业在选择外部投资者特别是财务投资者时，尤其应注意需要考虑其专业性，不专业的外部投资者在给企业带来资金的同时，也会带来很多的是非。

仁达方略综合多年经验认为，通常较为合理的股权安排可以参考一下设计方案：初期保障创始人的绝对控股，66% 以上；中期保证创始人简单控股，50% 以上；成熟期保障创始人相对控股，33% 以上；股权稀释过程中，保证创始股东在董事会中的董事名额或董事长人选的决定权。当然，在实际操作中，并无统一的模式，最适合的才是最好的。

持股设门槛反收购[①]

随着市场上野蛮人的层出不穷，不少上市公司开始有所预防，通过各种手段防范被恶意收购。比如近日，隆平高科通过修订公司章程（简称章程），设置了较多反收购条款。

据隆平高科公司章程第三十八条第四款规定，“任何持有或者通过协议、其他安排与他人共同持有公司的股份达到公司已发行股份10%的股东，应在达到10%后3日内向公司披露其持有公司股份的信息和后续的增持公司股份计划，并向董事会请求召开临时股东大会，由股东大会审议是否同意其增持公司股份计划。”除防范恶意收购外，隆平高科还对公司董事会监事会架构同样进行了调整，董事会席位扩员为15名，多位中信背景董事被提名。

此外，该条第五款规定，“投资者购买、控制本公司股份，未按上述规定履行披露、报告义务，或相关信息披露不及时、不完整、不真实，或未经股东大会审议批准的，为恶意收购，不具有公司董事、监事候选人提名资格，且无权提议召集临时股东大会。”

值得注意的是，上述条款同样被其他公司用作对付“野蛮人”的招数。今年年初南玻A曾欲修改公司章程，以对抗前海人寿保险股份有限公司收购，其中一条便是持股10%以上的股东继续增持公司股份需要申请董事会同意，未经同意便不具有提名董事、监事候选人的权利。对此，前海人寿曾表示，该条规定完全属于对股东正当权利的非法剥夺，违反了《上市公

① 隆平高科改章程引深交所关注为中信入主保驾?《每日经济新闻》.

司收购管理办法》关于董事会不得滥用职权对收购设置不适当障碍的相关规定。

仁达方略研究认为，这类似于设置了一个“毒丸计划”条款，其本质目的其实是防止恶意收购。这一条款其实并不违反《公司法》，因为《公司法》指出，如果公司章程有特别规定的话，还是依据公司章程特别规定为准。

股权代持并不有效

随着天津滨海爆炸事件调查走入纵深，关于肇事者瑞海国际的股权代持悄然浮出水面，民间传言四起，也由此揭开了关于股权代持的争议和讨论。

为什么肇事者瑞海国际的股份要让别人代持，而真实的股东却躲在幕后？现在据披露出来的事实来看，其中“水很深”。初步分析，这应该属于一起典型的权力介入市场的案件，权力的无形之手当然要藏在暗处操控，为一切不合规，甚至不合法行为大开方便之门。其实，权力与资本相结合，已经不是我们这个社会的个别现象，只是天津爆炸事件将这家企业暴露出来了！付出的代价是何其惨烈啊，真是造了大孽！

既然天津爆炸事件暴露出了股权代持中的黑洞，那我们就要搞清楚什么是股权代持以及其存在的原因。

所谓的“股权代持”就是股东将自己的股份以其他股东名义在工商行政管理部门登记，同时与名义股东签订协议确认股份的实际持有人为未登记的股东，这种现象被称为股权代持，双方的股份确认协议就是“股权代持协议”。

股权代持又称委托持股、隐名投资或假名出资，在商事活动中，由于反腐的深入，目前股权代持现象越来越多，应引起各方的高度重视。

关于股权代持形成的原因，大致有以下几种：

第一类：某些人的身份不适合做股东，不愿意公开自己的身份。

这类股权代持的主要目的是规避《中华人民共和国公务员法》等有关规定，比如有的真实出资人公务员，按规定是不能够开展公司经营的，所以，找别人代持股份。这类股权代持属于典型的权力介入市场行为，必须禁止。

不然，腐败分子隐藏在暗处，通过大肆操纵权力而进行疯狂贪腐。

第二类：为了规避经营中的关联交易，找别人代持股份。

比如相互担保银行融资，通过代持的方式设立多家非关联企业。这类股权代持的主要目的是违法经营，必须禁止。不然，通过关联交易非关联化，依靠大肆造假通过股市或银行骗取资金。

第三类：为了规避法律的某些强制性规定，采取代持形式完成投资或交易。

许多公司章程明确规定了董事、高管不得投资设立与公司业务竞争性的公司。作为一种变通，一些董事、高管遂采用了股权代持的方式投资与其任职公司竞争性业务的经营实体。这类股权代持的主要目的是规避公司章程规定，公司章程就是公司的宪法，这明显也属于违法行为。

第四类：有的公司对股东身份有特别的要求，不符合要求的人也想成为股东，就私下出资请别人代持股份。

这类股权代持主要是外商为规避外资准入政策，通过与境内企业或个人签订股权代持协议，以隐名股东身份投资于外商投资企业法律和政策禁止或限制外商进入的行业。这也是法律所不允许的。

前四类代持行为，其共同点就是企图以合法形式掩盖非法的目的，明显符合恶意串通损害他人利益的情形，这类股权代持行为，政府下一步必须进行清理，否则，贻害无穷。

第五类：实际投资者人数太多，将一个团体的股份放在一个人身上，既保证了工商程序的简便，又便于员工管理。

这类股权代持的主要目的是为了规避公司法对公司股东人数的限制（有限责任公司 50 人以下，股份有限公司 200 人以下），将多名实际股东集中到一起统一由某个实体代为持有，职工持股会以及工会代持股份就是基于此种目的。

也就是讲，只有第五类股权代持行为，才是股权代持存在的真正原因，并且这种代持行为一般会在公司章程中进行明确规定。

从我国现行法律体系中关于股权代持法律效力的主要规定，也可以得出前四类股权代持无效的结论。我国有关股权代持的法律效力规定：

我国《公司法》目前没有明确规定关于股权代持的条款，关于股权代持的法律效力主要规定在最高院的司法解释中。最高院在《关于适用中华人民共和国公司法若干问题的规定（三)》（以下简称“司法解释三”）中对股权代持的问题处理作出了司法解释，首次明确表明了我国法律对有限责任公司的实际投资人的股东资格的确认，对于实际投资人与名义股东之间的代持协议的效力问题，司法解释三规定只要相关协议不存在《合同法》第五十二条规定的情形，则应认定代持协议合法有效。

《合同法》第五十二条规定：“有下列情形之一的，合同无效：一方以欺诈、胁迫的手段订立合同，损害国家利益；恶意串通、损害国家、集体或者第三人利益；以合法形式掩盖非法目的；损害社会公共利益；违反法律、行政法规的强制性规定。”

实践中，如果设定股权代持的目的在于以合法形式掩盖非法目的或规避法律行政法规的强制性规定，就可判定此类股权代持无效。比如以股权代持形式实施权力交易、外资以股权代持规避市场准入、以股权代持形式实施的变相贿赂等，该类股权代持协议最终可能被认定无效。

毋庸置疑，上述前四类股权代持行为属于故意规避国家相关法律规定，其股权代持行为可判定为违法和无效。实际上，只有第五类股权代持行为在法律上是得到支持的。

[延伸阅读]
从刘强东操盘京东看控制权制度设计[①]

此前坊间传闻，京东股权分散，山头林立，掌门人刘强东持股不多却完全掌控京东，神乎其神。近日，京东赴美上市的招股书公开，坊间又开始议论纷纷：即便加上上市前突击发放给刘强东的9000余万限制性股票单位，刘强东持股也才18.8%（不含代持的4.3%激励股权），勉强领先第二大股东老虎基金（18.1%）与第三大股东腾讯（18%，包括上市后5%认股权），刘强东大股东身份其实岌岌可危。大有一副“谁谁不急谁谁急”的架势。

本案例主要从京东的招股书中探寻京东控制权制度设计的密码，探讨创业企业在融资过程中普遍关注的重大敏感话题：如何理解创业企业的控制权，以及创业企业如何设计公司的控制权制度。

一言堂VS[②]相对控制权

有的人一提到公司控制权，就以为是一言堂。其实，典型的创业投资模式是“有钱的出钱，有力的出力”模式，并不是创业者或投资人单方出演的“独角戏”。因此，一方面，对于公司的绝大部分事项，创始团队应该具有绝对话语权；另一方面，在典型的创业投资模式下，基于投资人出资占大头，却占小股，也很少参与公司实际运营，对公司缺乏控制力的情形，应当保障投资人作为公司小股东的核心经济利益。比如，对公司发行新股、分红、清

① 仁达方略案例数据库.

② 对战模式.

算等关系投资人核心经济利益的事项，创业企业应该有条件给予投资人否决权（非决定权）以保护其权益。因此，创业者在公司融资过程中要实现的是相对控制权，而不是一言堂，以平衡双方利益。

如何设计控制权

创业者们应关注以下五个相关的制度设计，以实现创业团队对企业的相对控制：

（1）股权比例

股权是股东所享有的投票权、分红权、选择管理者等股东权利的源泉和基础。因此，股权控制是创业者实现对企业控制最直接有效的方式。

有人把创业形象地比喻为拼图游戏。创业企业的发展需要拼接资本、团队、技术和市场等社会资源，但大部分初创企业本身可利用的资源有限。为了对接利用上这些资源，创业企业通常要用公司的股权去置换。因此，创业者须考虑在“股权换资源”过程中对创业团队股权的摊薄效应。不少创业企业在公开发行上市之前会经历三轮以上融资，这种摊薄效应更为明显。

就京东而言，它向今日资本、老虎基金、KPCB、红杉与 DST 等机构的融资，为奠定它在中国电商市场的地位功不可没。但天下没有免费的午餐，“舍不了孩子套不了狼”。在对接这些外部资源时，刘强东的股权在上市前也被摊薄到了只剩下 18.8%（不含代持的 4.3% 激励股权）。刘强东仅靠持股直接对应的 18.8% 投票权很难实现对京东的控制。

（2）投票权委托或一致行动人

“投票权委托”即通过协议约定，某些股东将其投票权委托给其他特定股东行使。比如，曾投资过京东商城、阿里巴巴等互联网明星企业的投资基金 Digital Sky Technologies（DST），一直就有全力支持被投资企业 CEO 的传统，通常都会将其大部分投票权委托给被投资企业 CEO 行使。

根据京东的招股书，在京东发行上市前，京东有 11 家投资人将其投票权委托给了刘强东行使。刘强东持股只有 18.8%（不含代持的 4.3% 激励股权），却据此掌控了京东过半数（51.2%）的投票权。

"一致行动人"即通过协议约定，某些股东就特定事项投票表决采取一致行动。意见不一致时，某些股东跟随一致行动人投票。比如，创始股东之间、创始股东和投资人之间就可以通过签署一致行动人协议加大创始股东的投票权权重。

（3）AB 股计划

根据京东招股说明书，上市前夕京东的股票会区分为 A 序列普通股（Class A common stock）与 B 序列普通股（Class B common stock），机构投资人的股票会被重新指定为 A 序列普通股，每股只有 1 个投票权。刘强东持有的 23.1% 股权（含其代持的 4.3% 激励股权）将会被重新指定为 B 序列普通股，每股有 20 个投票权。因此，上市前夕实行 AB 股计划后，虽然投资人会收回此前委托给刘强东行使的投票权，但通过 AB 股计划 1：20 的投票权制度设计，刘强东掌控的投票权不仅不会下降，肯定还会远远超过目前 51.2% 的投票权。因此，刘强东完全不存在腾讯入股后对公司失控的问题。

京东区分不同序列普通股投票权的做法，即坊间传闻的"AB 股计划"（或"牛卡计划"，或"双股权结构"）（Dual – Class Structure）。该计划初看名字学术味十足，脱去马甲敞亮说其实就是"同股不同权"制度。它的主要制度设计包括：①公司股票区分为 A 序列普通股（Class A common stock）与 B 序列普通股（Class B common stock）；②A 序列普通股通常由机构投资人与公众股东持有，B 序列普通股通常由创业团队持有；③A 序列普通股与 B 序列普通股设定不同的投票权。比如，包括 Facebook（脸书）、Google（谷歌）与百度等企业都将其 A 序列普通股每股设定为 1 个投票权，B 序列普通股每股设定为 10 个投票权。但是，B 序列普通股每股 10 个投票权并不是唯一确定的。比如，Zynga 就将其设定为每股 70 个投票权。④A 序列普通股无法转换为 B 序列普通股，但 B 序列普通股一经转让即自动转换成 A 序列普通股。通过这些制度设计，创业企业可以在出让股权对接利用外部资源的同时，创业团队也不丧失对公司的有效控制。

在依葫芦画瓢之前，创业者需要注意的是，由于涉及对投资人的权利限制，AB 股计划不会是每个创业企业的自由选择。从实践看，采用牛卡计划的主要是"皇帝女儿不愁嫁"、处于卖方市场的明星企业，比如，Google，Facebook，Groupon（高明），Zynga，Linkedin（领英）与伯克希尔等。在美国上市的中国概念股百度、360 也实行了 AB 股计划。因此，说 AB 股计划是皇帝女儿的金装，一点儿也不过分。该制度主要适用于美国资本市场，在遵循“同股同权”的中国香港资本市场与国内 A 股市场很难有直接适用的空间。这也是此前阿里巴巴想变通采用合伙人制度在香港资本市场上市的原因。AB 股计划会有适用范围限制。比如，涉及投资人的某些重大权利通常会排除在适用 AB 股的范围之外。

（4）保护性条款范围

在典型的创业投资模式下，基于投资人出资出大头但占小股，也不参与公司实际经营管理的特点，为了保护投资人作为公司小股东的利益，投资人通常会要求对公司一些事项具有否决权，这有其合理性。但是，矫枉过正的是，我们看到有的投资人有个又长又臭的清单，小到公司买个办公设备，大到公司发行上市，投资人都有一票否决权。这无疑加大了创业企业的管理效率和成本。比较合理的情形是，投资人仅对关系其核心经济利益的少部分特定事项具有否决权。比如，对公司发行新股、分红与清算等事项，以保障决策效果和决策效率，平衡双方利益。

（5）董事会组成

公司的日常经营事项，通常由公司董事会来决定。一方面，投资人并不参与公司日常经营管理，通常并不了解公司日常运营层面的情况；另一方面，创业团队离炮声最近，熟悉公司实际情况，创始团队应该占有公司董事会的大部分席位，以保障决策效果和决策效率。

根据京东的招股书，京东的董事会由刘强东和腾讯委派的刘炽平组成，其他两位均为独立董事。刘强东占据公司董事会半数席位。根据公开信息报道，在上市之前刘强东也一直保持委派董事会半数以上董事的权利。

结　语

刘强东之所以可以操盘京东，有很多创业企业很难复制的具体情景，包括刘强东一贯的强势硬派风格、京东在电商领域的业绩表现，以及包括 DST、红杉与 KPCB 在内的 11 家投资人将其投票权委托给了刘强东（通过 Max Smart Limited）行使，抱团全力支持刘强东。虽然刘强东和京东这些因人而异的特质很难复制，但是创业者们却可以通过学习资本市场的游戏规则，并通过专业咨询公司的协助，为创业企业设计合理的控制权制度，以实现对企业的相对控制。

第四章 董事会的规范运作与核心价值

公司的日常经营事项，通常由公司董事会来决定。一方面，投资人并不参与公司日常经营管理，通常并不了解公司日常运营层面的情况；另一方面，创业团队离炮声最近，熟悉公司实际情况，创始团队应该占有公司董事会的大部分席位，以保障决策效果和决策效率。

董事会形成与任免

为什么需要董事会

在现代企业的组织机构中，股东会是公司的最高权力机构，公司的一切重大事项都必须通过股东会认可或批准。但股东会不能代表公司，也不能直接参与对公司的经营管理，且股东会属于临时机构。而公司总经理班子是公司的经营管理主体，是具体负责公司经营管理活动的一个执行机构，非决策机构。只有董事会才是公司的常设性决策机构，是代表股东利益、执行股东会决议、科学决定公司重大经营事项的重要组织机构。因此，董事会在公司治理和战略管理中，具有重要地位和作用。

那么，公司为什么需要一个董事会呢?

首先，因为要让公司股东享有有限责任，没有有限责任，就没有公司的永续生命和无限的扩张前景。有限责任及其相应的法律支撑，扩展了公司制企业的股东边界，才会产生成千上万以至几十万、几百万股东共同拥有的现代大型企业组织。

其次，如果没有配套的董事和董事会制度，有限责任制度则会被股东滥用于过度的冒险、掠夺，而不是真正的企业发展。在有限责任条件下，股东通过提高财务杠杆及从事一些高风险的项目，可以以有限的损失博取接近于“无限”的高额利润。美国银行业股东的有限责任是从多倍责任经过一百多年逐步发展过来的，就是因为银行业企业股东更有掠夺存款人利益和过度冒险的动机与便利条件。公司制企业中，法律上“董事”的引入，就是为了在提供了有限责任的同时，设立一个追究“无限”责任的通道。作为股东，你可以在财务上享受有限责任的保护，但是如果你由此而胡作非为，则追究你作为“董事”的责任。作为董事的责任，没有了“有限责任”之墙的屏蔽，即使直接追究到个人的，也是“无限”的。

最后，董事和董事会制度进一步扩展了公司制企业的合作边界。现代公司制企业中的董事会制度设计，不仅有其上述防范性的一面，也有建设性的一面。防范性一面的主要表现是可以在股东借有限责任而通过公司胡作非为的时候，追究其作为董事的个人责任，建设性一面的表现则是扩展了公司制企业的合作边界。有限责任制度扩展了股东之间物质资本的合作边界，使不相识的股东之间可以共同投资和拥有一家企业。董事和董事会制度则进一步扩展了拥有物质资本的“富人”和拥有管理才能的“穷人”之间的合作边界。

董事会在公司法人治理结构中处于十分重要的地位，发挥着重要作用。一方面，董事会是股东利益的忠实代表，是保护股东合法权益、体现股东意志的制度依托，是实现出资人职责到位的最终体现。另一方面，董事会负责企业的重大决策，对企业进行战略性监控，并负责选聘、评价、考核、激励经理人员，是企业内部深化改革、加强管理、提高效率的重要保证，是企业市场竞争力的制度基础。董事会能否充分发挥作用，很大程度上决定着公司治理的有效性，决定着现代企业制度建设的成败。

董事会既然作为公司的一部分，而且是很重要的一部分，无疑应该对公司重大经营决策的制定和实施发挥重要作用，防止企业出现重大决策失误和保证所发生的失误能迅速得到纠正。如果董事会能够积极参与企业的重大决策，则对公司治理结构起到更积极的作用。

第一，有利于公司内部的团结，增强企业的凝聚力。董事会应该参与公司重大经营决策的制定并为其实施提出建议。当然，董事会不应干预高级管理层在正常经营活动中的职能，要区分参与决策和直接管理两者之间的界限。董事和股东的积极参与能减少错误决策，集思广益，并通过加强彼此之间的沟通而增进企业内部的团结。

第二，有利于减少代理成本。董事会与高级管理层之间的密切协作可以改善彼此之间的“博弈关系”，同时也能改善由于信息不对称造成的一系列问题。董事会能积极有效地获取有关公司的相关信息，在征得 CEO 的同意后还可以加强和企业内部员工以及供应商、客户之间的交流，更好、更直接地解决委托代理问题，大大减少了代理成本。

第三，有利于企业的持续、稳定、健康发展。企业高级管理层与董事会之间的团结一致，能使公司在制定和实施重大经营决策的过程中减少失误，同时还能在公司内部建立一种良好的氛围，为公司建立优秀的企业文化做出了典范，这样，相对竞争对手，公司还能获得一种持久竞争力，使企业能在市场上持续、稳定、健康发展。

谁能成为董事

作为公司董事会，其形成有资格上、数量上和工作安排上的具体要求，也有其具体职责范围：

从资格上讲，董事会的各位成员必须是董事。董事是股东在股东大会上选举产生的。所有董事组成一个集体领导班子成为董事会。法定的董事资格如下：首先，董事会可以是自然人，也可以是法人。如果法人充当公司董事，就必须指定一名有行为能力的自然人作为其代理人。其次，特种职业和丧失行为能力的人不能作为董事。特种职业如国家公务员、公证人、律师、军人等。再次，董事可以是股东，也可以不是股东。

从人员数量上说，董事的人数不得少于法定最低限额，因为人数太少，不利于集思广益和充分集中股东意见。但人数也不宜过多，以避免机构臃肿，办事效率降低。因此公司应在最低限额以上，根据业务需要和公司章程确定董事的人数。由于董事会是会议机构，董事会最终人数一般是奇数。

从人员分工上，董事会一般设有董事长、副董事长、常务董事。人数较多的公司还可设立常务董事会。董事长和副董事长，由董事会成员过半数互相选举产生，罢免的程序也相同。

董事怎么产生，权责有哪些

董事是指由公司股东会选举产生的具有实际权力和权威的管理公司事务的人员，是公司内部治理的主要力量，对内管理公司事务，对外代表公司进行经济活动。占据董事职位的人可以是自然人，也可以是法人。但法人充当公司董事时，应指定一名有行为能力的自然人为代理人。董事大致可以分以下几类：外部董事（非执行董事）、内部董事（执行董事）、独立董事、职工董事、代表董事。股东大会选举董事的方法，通常有两种：

（1）直接投票法，即每一股份对于某一个董事只有一个表决权。优点在于程序简单，充分体现了资本多数决原则，有利于大股东对公司的控制。缺点在于，持有半数以上股份的股东可以控制董事的选任，使董事会成为控股股东的“一言堂”。

（2）累积投票制，亦称集中投票制，即每一股份在选举董事时具有所欲选董事数的表决权。例如欲选 4 名董事，持有 30 股的股东，享有的表决权为 120 个，可以将 120 个表决权分别投向不同的候选人，也可以集中投向一个候选人。此种选举方法，系借鉴美国国会议员选举中的比例代表制。优点在于有效地保护小股东利益，给他们提供了选任自己信任的人参加公司管理的机会，避免大股东对董事会的垄断。缺点在于，计算方法麻烦，由此选任出的董事容易造成天生的派系对立。

董事的权利。公司法对董事会的职权有集中的规定，但对董事的权利无明确的规定。董事的权利主要有以下几方面：其一，出席董事会会议。依公司法规定，董事会会议，应由董事本人出席。因此，董事当然有出席董事会会议的权利。其二，表决权。董事在董事会议上，有就所议事项进行表决的权利。其三，提议临时会议召集的权利。公司法只规定董事会可以召开临时会议，而未规定如何召集。当然，董事长可视其情况主动召集，但也可以根据一定人数的董事的提议而召集。后者，则产生了董事对召集董事临时会议的提议权。其四，透过董事会行使职权而行使权利。无疑，董事会的职权不是董事个人的职权，因而不能由董事分别行使。但是没有董事的参与，董事会无法行使其职权。并且，董事作为董事会的成员，可以通过行使议决权而影响董事会的决定。从这个意义上说，董事除上述权利外，还有透过董事会行使职权而行使的权利。

董事的义务。董事有义务管理好公司财产，为公司发展作正确的决策。董事的义务主要有以下几方面：其一，善管义务。董事在执行职务中，应尽管理人义务。尤其在公司所有与公司经营分离的情况下，董事对公司的正常运转负有责任。所以，强化董事的善管义务是十分必要的。其二，竞业禁止义务。所谓竞业禁止，即竞业行为的禁止，指特定地位的人不得实施与其所服务的营业具有竞争性质的行为。在股份有限公司中，董事是具有特定地位的人之一。依公司法规定，董事不得自营或者为他人经营与其所任职公司同类的营业。其三，私人交易限制义务。所谓私人交易，指特定地位的人为自己或为他人而与公司进行交易。在股份有限公司中，董事是特定地位的人之一。公司法规定，董事除公司章程规定或者股东大会同意外，不得同本公司订立合同或者进行交易。这表明，私人交易是受到公司法限制的。公司法作出这一规定的目的，是防止董事为谋私利而牺牲公司利益。

董事会运作规范及内部关系协调

在董事会的日常运作中，必须要通过各个环节的规范化制度和处理才能保证董事会职能的正常行使。从董事会的人员构成（即董事的选举）到董事会的召开，从董事会的下属执行机构到董事会信息的保密处理，环环相扣，必不可少，都需要引起董事会管理人员足够的重视。

董事的提名选举。应严格遵循股东大会选举的原则，并考虑好各个类别的董事所占比例，尤其要注意外部董事的重要作用。按照严格的流程规范进行选举，真正做到透明公开。

董事会的召开。开好董事会会议是董事履职的关键环节。董事要充分掌握信息，要进行大量的调研，开展专业的培训，也要组织专业研讨班，让董事们充分掌握信息。议案一定质量要高，要把需要审议的事情说清楚。议案应充分讨论，应要让董事进行充分的讨论，做到知无不言，言无不尽，让董事通过不同的角度审议项目。董事会要议大事，“规范决策，合理授权”，要明确职能定位，董事会主要抓大事、抓方向、抓战略、抓重大决策、抓选人用人，不能越过经理层管执行层面的事情。

完善董事会下属执行机构。建立规范的专门委员会，选任责任心强、业务能力出色的合适的董事会秘书。董事会秘书对于保证董事会正常召开、董事会决议严格执行具有至关重要的串联和保障作用。

做好信息安全保密工作。为了保证董事会有效实现职能，必须让董事们能够自由畅快、诚恳实际地表达观点，而不用担心他们的谈话会被公开。然而，上市公司总有一些董事是经由委托代理或者代理权之争推选进入董事会的，往往被认为是提名股东的代表，很可能与背后支持自己的股东分享董事会议程的细节。如果敏感的董事会会议信息被某个董事故意泄露，相应的回复与处理会在日后企业运营中埋下隐患，因此董事会相关保密事项是极其重要的。

董事会是公司的决策机构，不仅为企业发展提供了决策动力，而且决定着战略发展的方向。这一核心功能的有效发挥，除了需要规范化运作，还取决于董事会内部关系的协调、沟通，并保持高效率的运行。

（1）董事会和董事的关系

董事会是以会议形式进行集体决策的机构。国有企业的董事主要有执行董事、非执行董事、职工董事以及上市公司的独立董事。各类董事在履职过程中担任的角色不尽相同，获取的信息资料、各人职业判断的能力都不相同，集体议决的过程中，既要充分发扬民主、集中集体智慧，又要提高议决效率。因此，在董事会内部必须形成一种以信息沟通和冲突协调为主要方式的新型程序及工作关系。

（2）董事长和董事会的关系

我国《公司法》第110条规定：董事长召集、主持董事会会议；检查董事会决议的实施情况。董事会不是一个行政机构，而是施行集体议决的决策机构，各位董事均拥有平等的决议权。重大的经营管理决策，都必须通过董事会的决议，董事长无权代替董事会行使职权。这就决定了董事长和董事们之间没有上下级关系，也不是领导和被领导关系。中国平安马明哲并不因为其是创始人、董事长兼CEO的身份而享有特权，在他来看，董事长的职责是召集董事会，不是领导董事会。

董事长权力过大，容易架空和制约董事会的权力。国有企业董事会治理和企业党组织并行，董事长一般都是党委书记兼任，也就出现董事长、党委书记一身兼二职的情况，往往带出浓厚的官本位和“一把手最大”的惯性思维和色彩。

（3）董事会和专门委员会的关系

董事会是以会议形式进行集体决策的，这种工作方式决定了它无法仅靠几天或几次会议完成对经营管理重大事项的高质量决策。随着企业经营内外部环境的日益复杂化、市场变化的不确定性，董事会的决策越来越需要建立在专业基础上的深入细致的事前研究，这也是促使董事会专门委员会诞生的根本性因素。国有企业规范董事会建设中，也设置了多样性的董事会专门委员会，但有的委员会没有真正发挥辅助决策的功能，主要原因就在于没有正确处理好董事会和专门委员会之间的关系。

（4）外部董事和执行董事的关系

通常人们把董事会成员分为执行董事和非执行董事，执行董事也称内部董事，既参与董事会的决策，又在管理岗位上负责决策的执行；非执行董事也称外部董事。在战略决策和管理职能上，外部董事由于精通财务、投资和法律等方面的专业知识，能对公司的战略规划提供专门知识和咨询；执行董事则会对公司的战略决策提供更多的内部信息，并有利于战略决策的执行。董事会监督职能则一般由外部董事担任。合理的董事会组合、良好的内外部董事的工作关系，可以充分发挥董事们在信息、知识、权力和积极性上的相对优势。

【案例】

董事会不规范，决议无效

A 股份有限公司董事会由 7 名董事组成，该公司董事会于 2009 年 5 月 12 日召开了一次董事会会议。其中董事长和另外一名董事正在国外考察学习，未能出席该会议，另外有位董事朱某在外地出差，电话委托秘书李某出席会议并行使表决权，因此出席该次董事会会议的有林某、程某、王某和沈某 4 名董事，以及朱某的秘书李某。经董事长委托，会议由副董事长林某主持，该次董事会会议的议题是讨论公司内部机构设置的方案。在表决时，除董事王某反对外，林某、沈某、程某和李某均表示同意。那么这项决议通过是否有效？

该项决议并不符合法律规定。该案例中的 A 是一家股份有限公司，根据我国《公司法》规定，股份有限公司的董事会会议要有过半数的董事出席方可举行。有四名董事出席了会议，超过了董事人数的一半，因此可以举行。但是，根据我国《公司法》规定，朱某未能出席会议，只能委托其他董事进行表决，而不能委托秘书李某出席会议。因此，这项决议只有三位董事同意，没有达到全体董事的一半，故而无效。

董事会的核心价值体现

公司治理中，存在哪些失控？为了预防这些失控，董事会应如何发挥作用？除了风险防控，董事会的核心价值究竟应该体现在哪儿？

公司治理常态中有五大失控：风险失控、权力失控、运作失控、管理失控、高管腐败失控。

风险失控。风险大致分为五类，即战略风险、市场风险、财务风险、运营风险和法律风险。企业因忽视风险管理而导致事故频发的现象由来已久。世界上最古老的商业银行——巴林银行在1995年倒闭，巴林银行新加坡期货公司总经理、年仅28岁的尼克·李森为什么搞垮了这家英国贵族曾最为信赖的金融机构？有两个问题：一是授权问题，违规、越权动用大笔资金炒金融产品和衍生品；二是在制度上犯了错误，李森白天做大厅经理，晚上又做会计核算经理，这两个职务不能在一个人身上，应该是分开的，这就好比材料员不能做验收员，财务总监怎么能做审计总监。不相容的职务应该分开，不分开就违反了内控的基本原则。

权力失控。以H集团为例，H集团的老板很困惑，他把一家外省的子公司委托管理团队去运营，但是这家子公司总是说不赚钱。到最后，他却发现，这家公司很赚钱，只是被掏空了。那么，利润是怎么流失的呢？

其实，董事长被架空了，原因有很多种，比如没有具体的执行流程文件，所有签字都绕过该执行人，或者该执行人经手的所有文件都是虚假的，非实质性的。长此以往，权力被架空；资金、项目、账户、利润体外循环，销毁财务凭证，内控不够；流程制度设计的缺失归咎为“人的性格特点”使然。在开始合伙时，你好、我好、大家好，对很多原则性问题采取避让态度。对很多权力归属、具体流程及制约机制，都考虑不足；很多企业主还停留在对“合伙企业”的认识上。合作时，过分信任并过分授权给对方，但是经营一段时间后才发现，公司的实际控制人往往会将公司的钱捞进自己腰包，多做亏损，少做盈利，激励不足。

管理失控。治理和管理的区别是什么？治理是高端的、宏观的，是股东、董事会和经理团队的关系，这叫“三会”。管理是中微观，像副总以下、部门经理以下的这些流程、执行层面叫管理。

以M集团为例，它在短期内从巨大航母垮塌成破败企业，其老总自我总结了15大失误：9条与内控有关，如集权、分权没处理好，子公司失控，放权太多，子公司滥用权力；子公司无效率盲目扩张，盲目投入；财务管理失控，财务人员与经理串通共同作案，货款和欠条掌握在业务主办手中随时携款潜逃，亏总部富个人等。

那么，为了预防失控，董事会该怎么发挥自己的作用？

根据董事会战略决策的参与程度和独立性，我们可以将董事会分为四种类型：顾问型董事会、监督型董事会、战略型董事会、运营型董事会。

运营董事会是管理层与董事会成员几乎完全重叠的一类董事会，几乎没有独立性，但决策效率高，普遍存在于创业、成长期的民营企业，但如果出现在所有权与经营权分离的企业，那么就是典型的内部人控制；顾问型董事会也可以成为“花瓶董事会”，仅仅起到法律形式上的作用，根据控制人的需要提供一些咨询建议；监督型董事会独立于管理层，但不独立于股东，核心角色是监督，其决策权受实际控制人的限制；战略型董事会既独立于管理层，也独立于股东，充分发挥战略决策功能，为公司整体创造长期价值，是一种较为理想的董事会运作模式。

仁达方略研究认为，随着社会的发展，企业治理的规范，董事会如果仅仅停留在顾问或者运营，监督功能，都已经不能满足企业的发展，董事会的核心价值应该体现在对于企业的战略决策和风险把控上，发挥对于企业发展的前瞻性功能和价值，同时全面把控企业的风险。

董事、高管侵权行为与防范

董事、高管侵权行为是指董事、高管为谋取非法利益而在履行职务过程中侵害公司、股东和债权人等第三人的利益或者给公司、股东和债权人等第三人利益造成损害的行为。

我国的《公司法》目前尚不完善，董事、高管侵权行为一旦发生，对公司来讲，损失非常巨大，同时损失无法量化，取证及维权都有相当的难度。因此，必须了解董事、高管对公司侵权行为的类型，并有针对性地采取措施进行预防。董事、高管对公司的侵权行为的具体表现形式大体上可分为四类。

（1）违法攫取公司利益的行为

董事、高管违法攫取公司利益的行为有很多。在实践中，常见的比较典型的行为包括：

挪用公司资金；违反公司章程规定，未经股东会、股东大会或者董事会同意以公司财产为他人提供担保；接受他人与公司交易的佣金归为己有；董事、高管未经股东会或股东大会同意从事竞业禁止的行为等。

（2）利用公司机会谋取法外利益的行为

公司机会可以理解为以董事、高管为代表的经营管理人员及相关人员基于公司的职务获得的并有义务向公司披露的、与公司的经营活动相关的各种商业机会。我国《公司法》将公司机会原则表述为董事、高级管理人员不得未经股东会或股东大会的同意，利用职务便利为自己或为他人谋取属于公司的商业机会。

在实践中，董事往往利用其在公司便利机会把本属于公司的商业机会转归自己或者他人从而从中谋利。董事非法利用公司机会为己谋利的行为是一种侵权行为，不但违背了董事对公司所负有的忠实、勤勉等义务，更重要的是直接损害了公司的利益，不利于公司的长远发展，同时也间接侵害了公司股东和债权人的利益。

当董事面临一个机会，如该机会不属于公司机会，董事当然可以利用为己谋利；如果该机会属于公司机会，而公司有能力实施也愿意实施，则董事当然不能用，否则属于侵权行为。

（3）利用不正当关联交易损害公司利益的行为

根据我国《公司法》的相关规定，所谓关联交易时指公司控股股东、司机控制人、董事、监事、高级管理人员与其直接或间接控制的企业之间的关系，以及可能导致公司利益转移的其他关系。但是国家控股的企业之间不仅仅因为同受国家控股而视为具有关联关系。关联方交易是指关联方之间转移资源与义务的事项。实践中，董事利用其关联人的地位进行不正当交易常体现为董事自我交易。

（4）其他损害公司利益的行为

公司董事擅自向公司外部第三人披露公司的商业秘密的行为，不管泄密行为是有偿还是无偿的，都伤害了公司的利益。我国《公司法》第 149 条规定，董事不得擅自披露公司秘密。如果公司董事擅自泄露了公司秘密，导致公司遭受损失，则公司可以要求其承担赔偿责任。

如何防范董事、高管对公司的侵权行为

如何有效防范董事、高管对公司的侵害，仁达方略在实践中总结出以下几个有效的途径措施：首先是加强公司财务制度的管理。董事、高管对公司的侵权行为最常见的仍然是挪用资金、违法担保等几种行为。其次是与公司董事、高管签订竞业禁止协议。公司应当与董事、高管签订竞业禁止协议，明确约定禁止条款，一旦违反，就追究其高额的违约责任，使公司遇到此类问题时能同时有我国《合同法》及《公司法》的双重保护，增加了董事、高管的违法成本以减少事件发生的可能性。

【案例】

董事会高管侵权

A公司为一家合资经营企业，由内地和港方出资成立。

2005年3月8日，A公司经董事会决议聘任薛某为公司董事兼任总经理。后因经营需要，A公司与交还银行北京分行签订借款合同，约定A公司借款4000万元人民币，借款期限自2005年8月3日至2006年8月3日。

2006年7月28日，A公司的全体董事（包括薛某）一致通过并形成董事会决议，内容为向交还银行北京分行申请4000万元贷款，以偿还于2006年8月3日到期的该行等额借款。A公司为此制作了不可撤销承诺函，并签署了借款合同和抵押合同。

2006年7月30日，薛某认为董事会决议存在与公司内地股东利益冲突的问题，遂将上述董事会决议及不可撤销承诺函从公司财务处取出并交给了A公司的副董事长，公司董事长发现后立即下发紧急通知，暂停了薛某的总经理职务及其所有权力。对此，包括薛某在内的公司3名内地董事向董事长致函表示反对。

董事长建议于2006年8月8日召开紧急董事会，命令薛某立即交出擅自扣押的7月28日通过的董事会决议及不可撤销承诺函等相关文件正本；并对违规行为作出书面解释。

8月7日，内地方三名董事回函表示："公司的重要经营文件在薛某的保管之下，正是其职责所在，在未经公司董事会合法程序解聘薛某总经理职务情况下，公司董事会商议命令薛某交出经营文件，不仅完全不符合公司的章程规定，也是对薛某履行职务的非法干涉，如此作为，不能参与。"故8月8日的董事会未能按计划召开。

A公司认为薛某身为总经理，拒不执行董事会决议，且私自藏匿相关文件，致使A公司无法向银行申请贷款，导致A公司逾期还款并被加收罚息、强制扣收贷款、限制公司对外支付款项，故起诉至法院，请求判令薛某赔偿给A公司损失503479.05元。薛某则辩称其行为属于正当履职行为，公司所受到的损失与其无关。

法院一审认为，根据相关法律规定，公司的高级管理人员应当遵守法律、行政法规和公司章程，对公司负有忠实义务和勤勉义务；公司高级管理人员执行职务时违反法律、行政法规或者公司章程的规定，给公司造成损失的，应当承担赔偿责任。薛某作为A公司的总经理，应按公司章程的规定，组织领导A公司的日常经营管理工作，直接对董事会负责，执行董事会的各项决定。2006年7月28日A公司董事会做出决议、A公司给交还银行北京分行出具不可撤销担保函后，薛某未按董事会的指示，将董事会决议及其他文件送交交行北京分行，致使未能与交还银行北京分行重新办理贷款事宜。A公司董事长得知薛某的不作为情况后，曾发送召开紧急董事会的通知，但包括薛某在内的3名内地董事共同致函董事长，表示不能参与。中方3名董事均不出席董事会时，A公司无法通过命令薛某交出董事会决议或重新形成新的董事会决议的途径，达到与交还银行北京分行签订新贷款合同以偿还已到期贷款的目的。薛某虽称其将文件拿出后即交给了副董事长，但2006年8月7日，内地方3名董事共同给董事长的回函中已明确表示合资公司的重要经营文件在薛某总经理的保管之下，正是其职责所在。因薛某未执行董事会决议，A公司又无其他救济途径，致使交还银行北京分行对A公司逾期还款加收罚息和复利，并通过诉讼向A公司主张权利，由此给A公司造成的支付复利及支付诉讼费等经济损失，薛某应承担赔偿责任。薛某不服一审判决，上诉至北京市第二中级人民法院。二审法院审理后判决驳回上诉，维持原判。

仁达方略认为，该案例涉及的主要问题是董事、高管侵害公司权益的问题。

该案例中，A公司作为一个合资企业，董事长及总经理分别代表了中国内地方、中国香港方股东的利益，因两方股东之间利益冲突，导致薛某身为总经理，因利益冲突做出损害公司利益的行为。一审法院认为薛某的行为损害了公司权益，因公司无其他救济途径，给公司造成了巨大经济损失，故其应当承担赔偿责任。薛某作为公司董事兼总经理，未按董事会指示，将董事会决议及其他文件送交银行，致使公司利益受损，公司股东大会或者董事会本可以召开会议命令负有义务的董事、高级管理人员交出董事会决议，或者重新形成新的会议决议从而达到预期目的，但是此种方法在该公司行不通。因为本案中，依据合资公司章程规定，董事会由7名董事组成，出席董事会会议的法定人数为全体董事的2/3，不够2/3人数时，通过的决议无效。现在包括案中薛某在内的3名内地方董事拒绝出席公司董事会，使董事会出席人数达不到法定人数，阻碍了公司决策机构的正常运行。不难看出，本案虽然判决薛某赔偿公司损失，解决了本案争议纠纷，但如果A公司内部的股东利益冲突不能根本解决的话，A公司将会出现公司僵局问题。

第五章

独立董事的选择与独立

现阶段，独立董事作为防范大股东侵犯小股东和其他相关者的利益的职能，发挥了一重心作用。引进中心摸索，遇到问题迎难而上，让独立董事真正发挥监督作用，企业强人治理结构才会更加完善。

独立董事的作用

在我国现阶段，独立董事的主要功能是防范大股东侵犯小股东和其他相关者的利益。原因是我国目前法律法规不健全，会计师事务所独立性不能保证，社会大环境不佳，上市公司弄虚作假泛滥成灾等。所以独立董事的作用重在监督和防范。

但独立董事的作用不应仅仅局限于监督。在美国，独立董事的人数达到甚至超过了执行董事的一半。显然，除了监督以外，独立董事还有重任在肩，在保证监督作用的前提下，独董的职能向专家型和智囊型深入。随着竞争的加剧，企业规模的扩张，驾驭一个企业要有“英明的领袖”来掌舵，这一点是没有异议的；但即使再英明的人，也有自己知识结构的缺陷，也有自己的思维定式，也有自负和冲动。

领袖人物的许多优点发挥到极致再往前走一点往往就是灾难，所谓真理和谬误往往只差一步就是这个道理。美国福特公司的当家人老福特，在别人的车型日新月异时，一味固执己见，以至于使福特陷入停滞不前的境地。巨人集团的当家人，面对日益衰落的保健品市场，仍然投入巨资，对智囊团的苦心劝告充耳不闻，固执地说“大不了是全军覆没，从头再来”。果不其然，结局被他自己言中。领导者的决策盲目冒进，最终葬送了一个明星高科技企业。由于财产是他自己的，除了银行受损和雇员重新择业外，他自己是最大的输家。很显然，在这种情况下，如果老板的决策能吸取独立董事的智慧，听取独立董事的意见，结局就会是另一番情景。

所以，独立董事不是去妨碍老板的指挥，去和老板的决策相抗衡，而是当老板的指挥受他个人的偏见、短缺（包括知识、心理、情感等）、溢余（包括自我感觉、自信心等）制约时，头脑清醒或者在某一方面有专长的独董能够及时地提醒和发挥自己的作用，防止决策不当使这个航船在大海中触礁。如果是上市公司，损失的就不是大股东一人的利益，而是千千万万的小股东、债权人、雇员和政府等相关者的利益，带来的是一系列社会后果。

为防止这种情况发生，美国监管机构对这种情况制定了详细的条款。一是重大决策独立董事要发表自己的独立意见，而且要把这一过程向股东大会报告，独立董事可以提议召开临时股东大会，独立董事不必经过董事会的批准就可以发表自己的意见。这样，独立董事就和智囊团发挥作用的机制完全不一样了，他们作用的发挥是由法律做保证的，而智囊是由老板自己聘请的，可以听也可以不听。虽然独立董事也是老板聘请的，但独立董事的权限是由法律规定的，和智囊不一样。

投资者愿意买一个企业的股票，成为它的股东，就是看好大股东（老板）能给他们带来财富，相信他能够把这只船撑过急流险滩，去挖掘前面的黄金宝藏。大量股东的进入，使公司成为公众公司，而不再是某一个或少数股东所有的私人公司。在这种情况下，公司成为公众利益的集合，这就要求不能因一人之意气用事，最终导致公众利益乃至社会财富的损失。公司的事情不再是个人的私事，而是公众乃至社会众人的事。因此，法律得以介入，要求公司建立完善的独立董事制度，对决策者的行为进行“纠偏”，以保证公众利益的安全。

独立董事的出现是法律强制的结果，体现了对公司“弱势群体”利益的保护。独立董事作用的发挥有赖于激励与约束相容的机制做保证，既要有充分的激励又要有具体的责任和权利。在我国目前情况下，独立董事只能聘请有很好的声誉又珍惜自己声誉的名流担任。声誉是他们可能制造风险的唯一担保，独立董事不是对股东尤其是大股东决策权利的剥夺。正确的理解应该是独立董事是根据自己的专业优势和自身的智慧对大股东决策过程中可能出现的失误的一种纠偏，或者说是一种使大股东更好地行使决策权的保证机制。

独立董事的选择

独立董事是指独立于公司股东且不在公司内部任职，与公司或公司经营管理者没有重要的业务联系或专业联系，并对公司事务作出独立判断的董事。独立董事要保持独立性、公正性与客观性，不受上市公司主要股东、实际控制人，或者其他与上市公司存在利害关系的单位或个人的影响。独立董事的设立可防止出现有人控制公司的股东与管理层内部控制，损害公司整体利益。

目前我国独立董事的人选大多来源于一些非企业人士，比如高校、科研机构和政府官员。官员在企业里担任独立董事，不过是企业方为了政商关系或者利用官员的影响力而设的一颗棋子。这样的独立董事，履行的职责是拉关系而非行使监督职能。这种独立董事无精力去从事企业监管工作，业务专业知识无法对企业的决策提供建设性意见与作出独立判断，最后常导致“董而不独”，成为了“挂名董事”。

那么，企业方应如何选择独立董事？第一，企业要了解相关人选是否具备担任公司独立董事应有的专业知识。具有法律、会计、管理方面专业知识的专业人士担任独立董事是比较合适的，管理学家与管理专家担任独立董事是比较合适的。第二，要能身在其位而谋其职，能尽职尽责的人。第三，不为公司实际控制人、股东、员工、本人或者其他第三方的利益而损害公司利益的人。第四，敢于提出不同意见，提出独立见解的人，维护公司利益的人。第五，严格自律，对公司忠实的人，不出卖公司利益、不泄露公司秘密的人。

选好一个董事会，企业就会民主，并会形成群策群力的氛围环境。选好一个独立董事，就能使得董事会不成为“应声虫”，不让董事会成摆设。独立董事的人数，在国际上的大部分企业用人数是占董事会的一半人数。用好独立董事，企业就会兼听则明，不会走歪路，高管也不会腐化堕落，因为有独立董事在监督。

如何让独立董事既“独立”又“懂事”

独立董事作为上市公司治理的重要环节，是防止上市公司大股东侵害中小投资者利益的最主要角色。然而，由于目前独立董事的选聘都是由上市公司自行决定的，这就导致了这样一种现象出现：如果独立董事不“配合”由大股东把持的董事会，那么，他就极有可能失去继续在这一家公司担任独立董事的机会。这也使得大多数公司的独立董事实际上沦为“花瓶”和“摆设”。

那么，独董该如何保持“独立”，且做到“懂事”？如何摆脱大股东的私人影响，发出自己真正的“独立意见”？让独立董事真正“独立”出来至少要先进行以下四项改革：

第一，改变当前独立董事的提名和任命方式，不让大股东控制这项权力。我国上市公司存在着严重的“一股独大”和“内部人控制”问题，独立董事无论是薪酬还是聘任，都是控股大股东说了算，无法真正独立。因此，未来可以由上市公司协会成立一个独立董事数据库，上市公司需要独立董事，由协会来推荐、选派独立董事，并由协会向上市公司收取相关费用，向独立董事发放津贴或报酬，以从根本上保证独立董事的独立性。

第二，提高独立董事在上市公司董事会中的比例，可以确保对上市公司进行更有效、更严格的监管。独立董事在美国发挥很大的作用，是因为其在董事会属强势群体，可以把独立董事的个人意志变成董事会乃至公司的意志。据 1999 年的数据，美国的独立董事占到董事会成员的 62%，而国内仅要求上市公司董事会成员中至少包括 1/3 的独立董事。

第三，从法律制度上赋予独立董事更多权限，比如允许独立董事拥有公司的财务报表、分红方案等重要财务材料，赋予独立董事对被监督人员的质询权等。在公司章程和董事会议事规则中，应当对独立董事行使权力进行详细的规定。

第四，建立独立董事问责制。目前大部分独立董事都未能履行其应有的职责，因此要建立独立董事的问责机制。当独立董事违反相关法律法规和制度，或者执业水平不能够让上市公司、投资者、市惩监督部门满意时，就必须受到应有的处罚；而因其失职、渎职而构成犯罪的，必须依法追究其刑事责任。

【案例】

花瓶董事有点冤

"郑百文"全称为郑州百文股份有限公司，其前身郑州市百货文化用品公司，是在郑州市百货公司和郑州市钟表文化用品公司合并的基础上组建成立的。1988 年 12 月郑州市百货文化用品公司组建为股份制试点企业，改制后的公司定名为郑州市百货文化用品股份有限公司，并向社会公开发行股票 400 万元。

2002 年 4 月 1 日，前任"郑百文"的独立董事陆家豪，一纸诉状将中国证监会主席周小川告上法庭。

案件的起因得从 2000 年 9 月 24 日说起，那天中午，刚从北京风尘仆仆回来的郑州大学外语系陆家豪副教授的家里，来了两个年轻人。他们说，他们都是陆副教授的学生，他们恭恭敬敬地请陆副教授去参加一个聚会，车就停在楼下。

陆家豪副教授被请去聚会的地方，是个严加保密的特定场合，参加此次聚会的有 27 个人，有"郑百文"的全体董事和总经理，为"郑百文"上市出具审计报告的注册会计师，以及公司财务的负责人、其他负责人，还有"郑百文"上市的主承销商"君安证券"的负责人。

此次聚会的主题是"郑百文"的造假上市，瞒天过海，骗取上市资格，以及"郑百文"的会计造假，隐瞒巨额亏损，虚构巨额利润，给投资人造成重大损失的事实，情节恶劣、危害严重。一直到2000年11月7日，公司唯一的一名独立董事陆家豪，才被解除“居住监视”放回家中。一年后，陆家豪收到了中国证监会下达的《处罚决定书》。

经中国证监会认定：“郑百文”董事会用欺骗的手段虚假上市和虚构利润，欺骗投资人，骗取巨额资金，严重侵害了投资人的利益。实际上已构成“妨害对公司、企业的管理秩序罪”，即我国《刑法》的第160条和第161条，其主要负责人已构成刑事犯罪，应移送司法机关追究刑事责任。

2002年8月1日，郑州市检察院以“提供虚假财会报告罪”将“郑百文”公司原董事长李福乾、总经理卢一德、财务处主任都群福提起公诉。其中，中国证监会对陆家豪作出除公开谴责外，并处10万元的罚金。于是，陆家豪成为中国股市历史上第一个受到处罚的独立董事。对此处罚，陆家豪表示不服，于是，向北京市第一中级人民法院提起诉讼，这样陆家豪同时还成为中国历史上第一个状告中国证监会的独立董事。陆家豪说，他是稀里糊涂当上董事的。

事情得从1992年说起。1992年，“郑百文”增资扩股，刚刚退休的陆家豪拿出自己的那点积蓄，买了10000股“郑百文”的股票，成了一个微不足道的“郑百文”的成千上万的小股东中的一个。

1994年河南省两会期间，身为省政协委员和民盟河南省常委的陆家豪，即席发表了些关于股份制改造的意见，深受在座的“郑百文”董事长李福乾的赞赏。

1995年1月，陆家豪忽然接到了“郑百文”的聘书，不管陆家豪同意与否，陆家豪都成为了郑百文的“社会董事”。

那时，中国还没有“独立董事”一词，中国股市也还没有独立董事制度，更不知“独立董事”为何物。所以，严格地说，陆家豪并非“独立董事”，而是不伦不类的“社会董事”。

直到2001年5月31日，中国证监会才发布了《关于在上市公司建立独立董事制度的指导意见》（征求意见稿）。中国才开始着手建立“独立董事”制度。

对于“独立董事”是干什么的，“独立董事”有些什么责、权、利，作为外语系副教授的陆家豪，在1995年成为“郑百文”的“社会董事”时，几乎一无所知。我们从他就任时的《约法三章》就能看出。

他的第一点声明是：他不要工资，不从公司拿1分钱。

而“独立董事”按照证监会的规定，是可以从他所任职的股份制公司拿薪俸的，而且薪俸是比较丰厚的。

他的第二点声明是：他不参与公司的任何经营管理。这句话让他说对了，“独立董事”是非执行董事，按规定是不参与公司的任何具体的经营管理的。

他的第三点声明是：他把自己摆在一个公司可有可无的“顾问”的位置上。顾上了问，顾不上了，就不问。（所以说他是“花瓶董事”没错儿。）

在这件事上，他又错了。

“独立董事”是个非常重要的角色，绝不是可有可无的。“独立董事”享有如同联合国常务理事国一样的“否决权”，没有独立董事的同意，董事会几乎不可能作出任何有效的决议。“独立董事”大权在握，其最大的权力是代表全体股东对董事会实施监督权。在新的“郑百文”董事会中，7名董事，“独立董事”就占了3名，将近一半了。

接到证监会的罚单，陆家豪一肚子的委屈。他说：“我又没有造假骗钱，我没有因为‘郑百文’的造假，得到过1分钱的好处。‘郑百文’造假我一无所知，作为小股民，我也是‘郑百文’造假案的受害者，我没从‘郑百文’那里拿过1分钱，凭什么罚我?！再说，我一个两袖清风的穷教书匠，年过七旬的风林朽木，如今都退休了，一个月的退休金不过1600元，到哪里去找这10万元缴纳罚金?！”

对陆家豪所申请的行政复议，中国证监会的答复是法不容情，没有妥协的余地。证监会驳回了陆家豪的复议申请。“郑百文”董事会所撒下的弥天大谎，作为独立董事的陆家豪难辞其咎。如不严惩陆家豪，何以训诫后来的独立董事们？军纪不肃，何以带好中国证监会要求的，在2003年6月前，将要形成的将多达6000人的庞大的独立董事军团？

仁达方略认为，在该案例中，该独立董事不服中国证监会行政处罚的主要理由是对于自己在“郑百文”公司“董事”身份的认定。中国证监会认定其担任的是董事，应该对“郑百文”公司违规行为承担直接责任的董事。该董事则一再宣称自己实际担任的是完全独立于公司管理层、不参与公司经营管理、不拿任何报酬的独立董事、“花瓶董事”。

[延伸阅读]
从一个私有化案例看独董履职①

作为一位游刃于美国和中国两个资本市场的企业家，泰富电气董事长杨天夫与境内外独立董事均有过交集，他的公司曾在美国上市又退市，2014 年，他又涉足 A 股，成为宝光股份的实际控制人。丰富的经历，使得他对独董生态的观察细致入微。

杨天夫向记者介绍，泰富电气在美国纳斯达克上市时，聘请了三名独立董事，分别是一名美国的财务专家、一名来自中国香港的电力专家陈清泉院士，以及一名浙江大学的教授。

泰富电气上市之后，几名独立董事在董事会决策及公司治理方面都能够充分表达自己的意见，非常认真地履行职责。“起初在公司正常运营过程中我并没有感受到独董角色的特别，”杨天夫告诉记者，“但在 2009 年 10 月，我组织召开董事会宣布了要约收购的想法，从那时起，独董们就按照美国法律规定成立了独立委员会，针对要约收购的事情进行评估。”

就是在泰富电气私有化的过程中，杨天夫充分感受到了几位独立董事的专业性和履职能力的强大。

据杨天夫回忆，整个私有化的过程实际上是我（要约收购方）与由独董成立的独立委员会——代表中小股东利益的这样一个被收购方——讨价还价的过程。“整整一年零一个月的时间，我见证了这些独立董事是如何保障小股东利益的。”

① 上海证券报.

在私有化过程中，杨天夫聘请高盛作为财务顾问，而独董委员会则聘请了摩根士丹利、安永等财务、审计、律师等全套机构，按照规定，认真地对杨天夫所提出的要约收购条件、股权的价值、报价的准确性进行评估，在每一个细节上和杨天夫进行讨价还价。

“在我确定以24美元/股进行回购时，他们对我的报价展开尽职调查，觉得报价可能太低，之后按照美国的法律进行了高价拍卖。就是在拍卖的过程中，他们意识到企业的估值应该包括它的股权，还要体现未来经营思路以及企业创始人、管理团队的价值。”初期价值认识的偏差在各方市场博弈的过程中，达成了最终的共识。“起初我有抵触情绪，非常不理解独董的做法，认为他们将私有化的很多问题复杂化了。但后来经过一轮一轮博弈，随着公司成功私有化，我反而觉得独董委员会实际上是对企业发展给予了正向的提高。”

杨天夫坦言：“他们这样一支独立的队伍，对我整个公司情况的尽职调查，以及整个讨价还价的过程，在市场上的反应非常好，大家由此认为这是一个好公司。”虽说是双方博弈的过程，但很多问题都是由这些独立董事提出来的，比如公司报价的准确性，对整个业务的整合，法律上的合法性，对公司签订合同所有的相关各方利益等要素，独董都做了充分的调研，这也促使泰富电气在实施要约收购中信息披露的合规性。“这个过程促使市场和投资者对我们企业认识更充分，同时对小股东而言，觉得被收购是有价值的、公允的。”

杨天夫告诉记者，“事情都有其正反两面性。简单处理私有化，独董不用这么尽责，事情也可能做成，但最终会变成我一家之言；现在是完全对立的两方最终达成共识，对所有股东都有说服力，我觉得更具开放性。”从泰富电气私有化这个案例上，体现出小股东利益在独立董事的工作下得到了充分的负责任的保护。

谈及我国的独立董事履职情况，杨天夫提出两点建议：一是要建立制度，要向发达国家学习，借鉴一些成熟的东西；二是要在制度运行的实践中达成共识。“泰富电气在美国上市的几年中，我也收购了一些企业，给我的感觉就是，发达国家的很多职务不是虚设的，它既然设定了这样一个职务，那么这个职务实际上就有一种直接或间接的作用。”

杨天夫认为，从独立董事的履职问题还可以延伸至董事会的组织架构和职能体现。“任何一个组织架构，在里面设定了这样一个位置，它一定是有相关性作用的，这就要看从业的人如何来认识这个位置是否重要，如何履职。”

基于对美国独立董事的认识，目前泰富电气在国内所聘请的三名独立董事也均是由专业的律师行推荐的，包括一名律师、一名财务专家、一名电气行业专家。“今年6月，我们收购了宝光股份，成为其大股东。作为实际控制人，我有权向上市公司推荐两名独立董事。而这两名独董，我都是通过简历推荐的，一名是干财务的、一名是干法律的，我之前都不认识。”杨天夫表示。

谈到独立董事如何更好地履职，杨天夫认为，一是大的制度环境需要不断健全完善；二是证监会等监管部门应对独立董事的工作内容、职责要求做出具体规定，对独立董事违犯相关法律法规的行为予以查处并追究责任；三是上市公司自身做的事情要能够接受独立董事的监督，让独立董事充分参与整个决策过程。“这是一项自上而下的工作，我相信随着我国证券市场的不断成熟，独立董事制度，乃至上市公司的治理等工作都会越来越好。”

第六章

中外合资企业的治理困惑

中外合资企业作为外商投资企业的一种组织形态，在我国引进外资、发展经济的过程中扮演着不可或缺的角色。根据《中华人民共和国中外合资经营企业法》及其实施条例等法律规定，中外合资经营企业和外资企业的组织形式为有限责任公司，经批准也可以为其他责任形式，这就表明，有限责任公司是中外合资企业通常采取的组织形式。因此，从理论上讲，中外合资经营企业的治理结构与有限责任公司的治理结构应当基本一致。但《中华人民共和国中外合资经营企业法》及其实施条例颁布在先，《中华人民共和国公司法》在后，在实践中，因上述两部法律在公司治理结构及相关方面规定不一致而发生的相关纠纷和问题并不少见。

合资企业与公司法比较

虽然中外合资经营企业与公司法中的治理结构有很大差异，但其中值得比较与评议的地方只有几处，即两种模式的权力机构比较、两种模式的议事规则比较和监督机制的不同之处的利弊。

权力机构的比较

根据《中华人民共和国中外合资经营企业法实施条例（2001 年修订）》第三十条："董事会是合营企业的最高权力机构，决定合营企业的一切重大问题。"可见，在中外合资经营企业中，董事会是最高权力机构。而在《公司法》第三十七条："有限责任公司股东会由全体股东组成。股东会是公司的权力机构，依照本法行使职权。"但由于有限责任公司还有比较特殊的一人有限责任公司和国有独资公司，这两种公司在治理结构上与一般有限公司又有所不同，所以我们一一比较。

表 6－1　　　　中外合资企业与公司法相关规定比较

<table>
<tr><th colspan="2"></th><th>权力机关</th><th>董事产生方式</th><th>董事任期</th><th>法律依据</th></tr>
<tr><td colspan="2">中外合资经营企业</td><td>董事会</td><td>董事名额按出资比例协商确定</td><td>法定，4 年</td><td>《中华人民共和国中外合资经营企业法》</td></tr>
<tr><td rowspan="3">有限责任公司</td><td>一般有限责任公司</td><td>股东会</td><td>出资</td><td rowspan="3">章程规定，3 年</td><td rowspan="3">《中华人民共和国公司法》</td></tr>
<tr><td>一人有限责任公司</td><td>出资人</td><td>出资</td></tr>
<tr><td>国有独资公司</td><td>董事会</td><td>董事会成员由国资委委派</td></tr>
<tr><td colspan="2">股份有限公司</td><td>股东大会</td><td>出资</td><td>章程规定，3 年</td><td>《中华人民共和国公司法》</td></tr>
</table>

从表6－1可以看出，有限责任公司的股东会是公司的最高权力机构。如在章程中无特殊约定，股东会会议由股东按照出资比例行使表决权，也就是说，谁的股权比例大，其所代表的表决权就大。但根据《中华人民共和国中外合资经营企业法》及其实施条例，合资企业不设股东会，董事会是公司的最高权力机构，决定公司的一切重大事项。但从表格也可以看出，国有独资公司和一人有限责任公司没有设立股东会，尤其是国有独资公司的权力机构也是董事会。但两个董事会的职权又有很大差异，不可相提并论。

就权力机构的设置而言，中外合资经营企业有很多缺陷，在当前的经济体制下，很多时候没有《中华人民共和国公司法》中的机构设置更有利于企业的发展。各投资方委派董事的人数并不完全取决于其出资的比例，投资方之间可以协商方式确定各自委派董事的人数。也就是说，董事会在行使表决权时，表决事项的通过与否是由“人数”来决定的，与出资比例没有必然关系。这就与现代企业的“资合”性质背道而驰。而从现代公司制度的本质上看，公司是资本的融合，股东权力的大小应直接与出资额的多少成正比。因此，应由股东会作为公司的最高权力机构。但《中华人民共和国中外合资经营企业法》及其实施条例在此问题上与现代公司的基本制度不一致，明确规定由董事会作为公司的最高权力机构，导致合资企业面临很多纠纷和僵局。

仁达方略研究认为，可考虑允许中外合资企业设立股东会，明确合资企业的股东会地位及责任，改变“唯董事会独大”的局面，丰富和完善合资企业的治理结构层次，使合资企业的股东有权直接参与和决定企业的重大事项，从而赋予合资企业股东会现代企业制度意义上的最高权力。这样既有利于股东更好地为公司服务尽责，也使得中外合资经营企业与现代公司的一致性得到落实，从而在公司各种形式的转变中更为高效便捷。

议事规则比较

根据《中华人民共和国中外合资经营企业法实施条例》第三十二条：“董事会会议每年至少召开1次，由董事长负责召集并主持。董事长不能召集时，由董事长委托副董事长或者其他董事负责召集并主持董事会会议。经 1/3 以上董事提议，可以由董事长召开董事会临时会议。

“董事会会议应当有 2/3 以上董事出席方能举行。董事不能出席的，可以出具委托书委托他人代表其出席和表决。

“董事会会议一般应当在合营企业法定地址所在地举行。”

而《中华人民共和国公司法》第四十八条：“董事会会议由董事长召集和主持；董事长不能履行职务或者不履行职务的，由副董事长召集和主持；副董事长不能履行职务或者不履行职务的，由半数以上董事共同推举一名董事召集和主持。”

从上可以看出中外合资经营企业在会议制度方面的一些不足。首先，中外合资只规定董事长“不能”召开董事会的情形，“不能”只是代表客观的不可能，而不包括主观的不愿意，所以《中华人民共和国公司法》在制定时充分考虑这一点，增加了董事长不愿意即“不履行”职务情形。其次，中外合资经营企业中董事不能出席的，可以出具委托书委托他人代表其出席和表决。但新的《中华人民共和国公司法》中却规定委托的对象只能是其他股东。因为在大多数情况下，只有股东才会更好地为公司利益考虑，因为公司的利益也关乎他们自己的利益，可其他人就不会这样的尽心尽责，在作出决策的时候就不会考虑这么多，而且经常让其他人参加董事会容易泄露公司商业秘密。对此，我觉得中外合资经营企业应该改善会议制度，防止董事怠于行使职权。

监督机制比较

在合资企业中并没有监事会的设立，是合资企业治理结构中一个较大缺陷。虽然监事会也不是有限公司的必设机构，但至少规定了公司一定要有监事，即有机构与权力机构进行制衡，防止绝对权力的滥用；而且对监事也做了一定的兼职限制。实践表明监事制度的设立顺应了当代经济发展的模式，有效防止了企业内部的腐败，有利于企业更好的发展。

所以，对此建议就是设立合资企业监事会，由监事会作为一个相对独立的机构，负责监督董事会和经理人员的行为，建立完善内部制衡机制。

由于《中华人民共和国公司法》在《中华人民共和国中外合资经营企业法》之后制定，所以很多地方更好地体现了现代企业的理念。中外合资经营的模式是中国改革开放之后重要的企业模式之一，在我国引进外资、发展经济的过程中扮演着不可或缺的角色。从其与《中华人民共和国公司法》的比较中发现其中的不足，用法律的角度来对其改善是很有意义且十分必要的。

董事会是合资公司最高权力机构

根据《中华人民共和国公司法》的规定，有限责任公司的股东会是公司的最高权力机构。如在章程中无特殊约定，股东会会议由股东按照出资比例行使表决权，也就是说，谁的股权比例大，其所代表的表决权就大。但根据《中华人民共和国中外合资经营企业法》及其实施条例，合资企业不设股东会，董事会是公司的最高权力机构，决定公司的一切重大事项。

另外，各投资方委派董事的人数并不完全取决于其出资的比例，投资方之间可以协商方式确定各自委派董事的人数。也就是说，董事会在行使表决权时，表决事项的通过与否是由“人数”来决定的，与出资比例没有必然关系。这就与现代企业的“资合”性质相背道而驰。而从现代公司制度的本质上看，公司是资本的融合，股东权力的大小应直接与出资额的多少成正比。因此，应由股东会作为公司的最高权力机构。但《中华人民共和国中外合资经营企业法》及其实施条例在此问题上与现代公司的基本制度不一致，明确规定由董事会作为公司的最高权力机构，导致合资企业面临很多纠纷和僵局。

【案例】

合资公司的董事会设置

A公司股权比例中外方占60%，中方占40%，而三名董事会成员中中方代表却占2名，外方仅有1名。起初外方根据该公司的实际经营情况提出转让部分资产，中方也表示同意，但待到转让草案已出台提交到董事会做出决议时，中方却突然反悔，表示不同意出售。因外方在董事会占1名，迟迟无法达成一致意见，资产转让事宜从此陷入僵局，外方在万般无奈中同意中方的股权转让要求，彻底退出该公司的经营。

上述案例从公司治理结构制度方面分析，其症结就在于合资企业不设股东会，由合资企业董事会行使股东会和董事会的双重职权，因此董事会的权力要明显大于公司法中规定的董事会的权力，而董事会成员的“人头”又不按投资比例而是由合资各方“协商”确定。该案例中，尽管外方拥有60%的股权，但协商确定的结果是，外方仅指派1名董事，中方占多数。因此，外方无法通过董事会的表决制度来维护其作为大股东的利益及合资企业自身的利益。

控制权之争是核心

虽然在合资之前，双方曾认真选择合作伙伴，努力掌握和协调双方的战略目标，并通过尽可能详尽的合资协议来规定双方的权利和义务，但是，要建立真正的信任关系往往需要较长的时间，一些疑虑和担心总在影响双方的合作：对方是否想盗窃我们的技术？他们是否想兼并我们？我们是否在树立一个竞争对手？我们是否让步太多？对方真的会提供商定的东西吗？这些问题会使合资双方不愿意暴露自己的真实意图，对自己的技术或商业“诀窍”严加保密。

合资企业的外方母公司不仅重视在股权安排上对合资企业进行控制，而且还非常重视通过非股权安排的方式达到控制合资企业的目的。外方母公司通过资金、核心技术、关键管理技能和营销网络等要素的投入，使合资企业的经营决策和日常运行严重依赖外方母公司。如长安福特，双方各占50%的股权，但是合资企业的产品或关键技术输入基本由福特公司掌控。结果，合资企业在技术、管理技能等方面严重依赖福特公司，因而在运营上不得不接受其控制。

除了通过股权和非股权安排实现对合资企业的控制之外，合资企业的母公司还非常重视对合资企业的人事和财务监控。外方母公司对这一问题非常重视。很多合资企业的外方人员表示，总经理的任命权是其母公司与中方合资的前提条件。在合资企业中，通常由外方任命总经理，由中方任命董事长，这说明外方母公司对合资企业的实际控制权高度关注。财务监控主要包括内部审计、费用支出的授权限制、实行月份或季度报告制度等。多数母公司都强调通过内部审计来监控合资企业的经营；一些企业还聘请国际会计公司对企业进行审计；母公司的审计部门不定期地对合资企业进行内部审计，并汇总内部审计与公共审计的结果，提供统一的合资企业财务状况分析报告，作为评价合资企业运行状况及经理人员业绩的基本依据。对职能部门和部门经理的经营决策权的配置问题，合资企业通常采取中外双方分权控制的办法予以解决。中外合资企业中，技术部门负责人通常由外方母公司任命，大多数的财务部门负责人也一般由外方母公司任命。中方控制较多的部门主要有人事部门（负责一般员工的招聘、培训和绩效考核）和公关部门，这可能跟中方人员的本土优势善于公关有关系。

中外合资企业的国外母公司对合资企业控制权的重视，反映了跨国公司对中国市场的长远战略目标，也反映了中外双方母公司在资源和竞争能力上的差异。随着跨国公司国际一体化生产体系的不断深化，中外合资企业也在跨国公司整体价值增值活动中承担着越来越重要的职能。不管中方愿意不愿意，中外合资企业将不可避免地融入跨国公司的全球生产体系，合资企业的外方母公司将不可避免地成为合资企业的主宰。这一发展趋势无疑将对我国现行的政策体系构成严峻的挑战。

［延伸阅读］
娃哈哈达能合资分手案[①]

1996 年，娃哈哈、法国达能公司、香港百富勤公司共同组建合资公司，持股比例分别为 49%、49% 和 2%。

亚洲金融风暴，香港百富勤将 2% 股权转给达能，达能获得 51% 的控股地位。

之后几年，娃哈哈集团在西部、革命老区和三峡库区等地投资设立非合资公司，2006 年总资产达 56 亿元，利润 10.4 亿元。

2007 年 4 月 3 日，达能欲强行以 40 亿元人民币并购娃哈哈集团非合资公司 51% 股权。宗庆后表示，自己与娃哈哈集团陷入了达能的圈套。

4 月 5 日，达能亚太区总裁范易谋否认“恶意圈套说”。

4 月 8 日，宗庆后在网站回击：当年签订的合资合同条款不平等，限制中方非合资公司不能生产合资公司竞争的产品，而对达能没有限制，要修改。达能的商标使用许可合同不合理，也要修改。

4 月 10 日，娃哈哈员工、经销商陆续发表声明支援宗庆后，抵制达能并购行为。

4 月 11 日，达能在上海召开新闻发布会，称已于 4 月 9 日正式向宗庆后发出通知函，对其提起诉讼。次日，娃哈哈发表了三点回应声明。

5 月 9 日，达能亚洲（Danone Asia Pte Ltd.）及其全资子公司正式向瑞典斯德哥尔摩商会仲裁院提出 8 项仲裁申请。

---

① 仁达方略案例数据库.

6月4日，达能集团在位于美国洛杉矶的加利福尼亚州最高法院对Ever Maple Trading Ltd. 和杭州宏胜饮料有限公司，以及两家公司的法人代表宗庆后之女宗馥莉提出起诉。

6月6日，宗庆后辞去合资公司董事长职务。达能集团发布声明接受辞呈，并任命合资企业现任副董事长范易谋临时接替董事长之职。

6月14日，杭州仲裁委员会正式受理娃哈哈提起的仲裁申请。

6月15日，娃哈哈合资公司致信达能，拒绝达能关于尽快召开39家合资公司联合董事会的要求。

6月26日，娃哈哈集团律师团发出律师函，指出范易谋等三名外方董事同时担任其他与合资公司相竞争的公司董事，违反了中国公司法。

7月10日，娃哈哈集团与沈阳陵东实业发展总公司在吉林和沈阳两地法院分别提起诉讼，起诉达能方面向当地合资公司派出的多名外方高管从事竞业禁止行为。

7月19日，达能集团在上海发表声明，旗下4家公司已分别致函各家娃哈哈合资公司，提请合资公司董事会对宗庆后担任合资公司董事长"长期间损害合资公司利益的行为"提起诉讼。

8月，一名自称"税务研究爱好者"的举报人实名举报宗庆后隐瞒巨额境内外收入，未如实申报个人所得税。国家税务总局收到举报后督促杭州地税局查办，并于2007年11月由稽查局正式立案。坊间分析，能知道宗税金事宜的非达能莫属。

其后，宗庆后对外宣称娃哈哈将与达能彻底分手，而他本人目前正在配合税务部门检查。宗庆后在税务部门启动调查后，于立案前夕，即2007年10月补缴了2亿多元的税款，但仍有数百万元的税款未缴。达能与宗庆后的银行账户往来凭证显示，自1996年双方开始合资至2006年，达能方面以"服务费"、境外子公司"奖励股"股利及股权回购名义，向宗庆后支付薪酬共计7100万美元。但宗庆后说没那么多，只有4000万美元。杭州市地方税务局负责人则表示，媒体报道称"宗庆后偷税3亿元"，这是"不属实"的。

宗庆后称，未能与达能达成一致的原因是达能要价太高。对此，达能方面未作回应。达能方面表示：杭州市有关部门确实到达能提取了相关资料；在与娃哈哈合作 10 年里，达能的确给予宗庆后高额回报。

2008 年，包括商标所有权和竞业禁止在内的所有“国内判决”都是以娃哈哈胜诉而告终。

仁达方略研究认为，娃哈哈与达能之争表面上看是民族品牌和“洋品牌”利益之争，但从实质上看却是合资企业投资双方对合资企业控制权的竞逐。中外合资企业是我国引进国外直接投资的主要形式。由于合资企业中的控制权直接决定了合资双方各自利益以及战略目标的实现程度，决定着企业价值分配的话语权，所以合资双方对控制权的争夺异常激烈。达能与娃哈哈在合作十多年的时间里，一直都没有放弃过对企业控制权的争夺。虽然达能与娃哈哈之争最终以和解结束，但它留给我们的教训是深刻的。

第七章

集团企业法人治理

依照国家工商局颁布的《企业集团登记管理暂行规定》：企业集团指“以资本为主要联结纽带的母子公司为主体，以集团章程为共同行为规范的母公司、子公司、参股公司及其他成员企业或机构共同组成的具有一定规模的企业法人联合体”。

企业集团不具有企业法人资格。“事业单位法人、社会团体法人也可以成为企业集团成员。”“母公司应当是依法登记注册，取得企业法人资格的控股企业。子公司是母公司对其拥有全部股权或控股权的企业法人；企业集团的其他成员应当是母公司对其参股或者与母子公司形成生产经营、协作联系的其他企业法人、事业单位法人或者社会团体法人。”

集团企业法人治理价值目标

公司制是现代企业制度的一种有效组织形式，公司法人治理结构是公司制的核心。我国现代公司法人治理“三权分立——制衡”结构模式的确立是现阶段经济发展的必然要求，该模式的形成是由现阶段公司治理的价值目标、产权基础所决定的，在借鉴西方“三权分立”学说及西方公司治理模式的经验基础上确立的。

价值一定程度上讲即利益。公司治理所要实现的目标是通过促进利益各方协作，实现利益各方的激励相容，以达到维护股东和利益相关者（董事、经理层、监事、员工、债权人）利益和实现公司的经营目标及社会公共利益，最终促进社会经济发展。

仁达方略研究认为，集团公司法人治理所要实现的价值目标就是通过公司的制度安排满足主体人需要，交易安全、效率、公平正义是集团公司治理所追求的。

交易安全

交易安全是公司治理的基础，这是由公司商业特征所决定的。交易安全得不到保证，公司股东及其利益相关者的全部利益都得不到实现；没有交易安全，交易很难发生，公司就无法生存与发展。它也是公平、正义、效率等价值取向永久存续的前提。

效率

效率是公司治理的最高目标。公司治理就是要协调各种资本要素、管理要素、生产要素之间的关系；协调股东与公司的关系、股东与董事的关系、董事与经理层的关系、公司与员工的关系、公司与债权人的关系、公司与政府的关系，并使之高效运转，来实现股东及利益相关者的共同利益和公司的经营目标及社会公共利益。它使公司内外部的各种资源实现配置后的效率最大化，目的是为满足股东及利益相关者利益与社会公共利益的实现。

公平与正义

公平与正义是公司治理的根本内容。公平、正义作为法律价值是人类理性永恒的追求。公司保护股东权平等原则，遵循利益与风险相一致的正义观念。公司法人治理实质上是在公平理念指引下，在股东及利益相关者利益、社会公共利益上寻找一个平衡点，使各自的利益在投入产出原则下实现社会正义。

我国现代公司法人治理的“三权分立——制衡”结构模式的确立是通过股东大会行使决策权，董事会、经理层行使经营控制权，监事会行使监督权形成相互协调，相互监督、相互制衡的机制，最终使公司能正常运转，交易安全；在公平、正义理念下，实现股东、利益相关者利益及社会公共利益的实现。交易安全、公平正义、效率也就成为“三权分立——制衡”结构模式形成的哲学基础。

集团企业法人治理模型

母公司或集团总部与下属二级子公司一般划分两种类型法人治理模式："控股权控制"和"非控股权控制"，即母公司或集团总部对下属二级公司是控股（绝对或相对控股）还是参股？集团总部与下属二级公司控参股关系不同，直接决定母子公司之间法人治理结构模式各有不同。

控股权控制

母公司或集团总部拥有下属子公司的控股权（包括绝对控股或相对控股），集团总部可以通过控制子公司的董事会而将母公司的意愿传递到子公司（参考表7－1）。

控股权控制模式下，一般有一定的前提条件，如子公司是母公司重要原材料供应商，子公司是母公司重要的收入来源等。母公司为了强化对子公司的监督管理职能，可在母公司董事会下会设立一些专门的委员会，指导、监督和评价子公司的运作，如成立业务发展委员会、审计委员会、业绩考核委员会等。对于非全资控股子公司，母公司可按出资比例派相应代表进入子公司董事会，占据多数席位，并占据董事长职位。母公司必须保持对子公司董事会和监事会的绝对控制，子公司总经理、财务总监、营销总监等重要领导人须由子公司董事会提名并报母公司审批。派出代表都要接受母公司的指导、监督和考察，这部分工作主要由母公司成立的各专门委员会负责，各专门委员会要定期或不定期地将子公司的情况向母公司董事会汇报。

表 7-1　集团母公司总部内部管理的不同对象及特点

管理对象		主要特点
事业部、分公司、科层机构		此种类型的管理是一个法人内部的管理。母公司是行政指挥和管辖者；下属单位是被管辖者，经济上不能自负盈亏、法律上不独立承担民事责任
子公司	独资子公司	虽然独资子公司是企业法人，在经济上和法律上具有独立地位，但独资子公司只有母公司一个股东，母公司指令就是股东的决定，子公司经营者必须执行，没有法律障碍
	控股子公司	由于母公司只持有控股子公司的多数股权，子公司还有其他中小股东，按照公司治理的要求，重大事项要通过股东会、董事会决策，母公司必须通过派出的股东代表、董事会表达自己的意志，并尊重中小股东的权益，不能越俎代庖
参股公司		此种类型的管理要通过契约形式实现，母公司只持有参股公司少量的股权，在公司决策时投票权较小，起不到控制和支配的作用

非控股权控制

非控股权控制是指母公司对子公司不拥有控股权，而是通过参股的方式进入子公司，通过对子公司某些重要岗位、资源和环境的控制来达到对子公司一定程度的控制模式。非控股权控制主要从重要岗位、资源和环境三个角度来控制子公司。

重要岗位控制，是母公司或集团总部在投资子公司时要求的对控股方控制的关键岗位之外的某些重要岗位享有人事任免权。参股型母公司不太可能控制子公司的财务部门和人事部门，但可以通过谈判要求取得对营销部门或技术部门或质量管理部门等重要部门的控制。企业是一个有机的完整的体系，它的有效运转需要各个部门的协调配合，因此，重要岗位的控制仍然从某种程度上实现了母公司对子公司的控制。而且对于稳定协作关系的企业而言，质量部门和营销部门的控制对母子公司之间稳定原材料供求和产品供求关系具有非常重要的价值。

资源控制，指母公司凭借自身强大的资源优势来实现子公司对母公司的资源依赖，从而达到控制子公司的目的。资源控制中常用的资源包括资金、技术和品牌等。在母公司无法增加其对子公司所持股份的情况下，母公司可以凭借其资金优势成为子公司的重要债权人。这样，母公司不仅是子公司的股东，而且是子公司的重要债权人。这种股权加债权的方式往往能够对子公司起到重要的控制作用。

环境控制，指母公司通过控制子公司所处的市场环境而达到控制子公司的控制方式。市场环境包括市场体制环境、政策法律环境和竞争环境。母公司对市场体制环境和政策法律环境一般无能为力，但母公司可以通过影响子公司的竞合环境而影响子公司的行为。在正常情况下，母公司可能和子公司的供应商、协作商保持良好的关系，从而在一定程度上控制子公司的行为。当母公司对子公司的行为表示强烈不满时，母公司首先会考虑增加对子公司的股份，通过控股权来取代对子公司的控制；如果没有可能增加股份时，母公司会考虑“用脚投票”，撤出资金，或将股份卖给恶意收购者，或转而与子公司的战略竞争者合作，这样就会与子公司争夺客户、供应商和协作商。

总的来说，仁达方略认为，不管控股型控制关系，还是非控股型控制关系，对母子公司、集团总部与下属二级公司来说，资本联结是法人治理体系衔接的基础，《外派董事制度》等相关法律规范是依据，内部交易是重要内容，集团文化是构筑母子公司关系的精神支柱。

外派董事、监事控制参股子公司

对于非控股权控制的公司，可通过法人治理构建和重要岗位派驻人员实现。对于这类公司，集团公司主要通过派出董事、监事对子公司的经营管理实施监督。如何委派胜任的董事、监事，对他们进行考评和激励，有效地发挥他们的积极性，是人员外派工作面临的首要问题，这就需要对委派董事、监事的知识结构、能力、年龄、性格等要合理搭配，以满足董事会集体做出科学决策的要求。

外派人员

外派人员是指由母公司任命或按程序推荐，被母公司派遣到对外投资、资产重组等母公司绝对或相对控股的下属子公司工作，担任高管职务的人员，以特别的身份完成某些特定目的任务，包括总裁或总经理、副总经理、总工程师、总经济师、财务总监、人力资源总监、董事会秘书等，包括由母公司任命的在东道国工作的母国公民或第三国公民，也包括在母公司工作的外国公民。

世界经济一体化、全球化，中国“一带一路”国际化经营战略下，本土企业跨地缘、跨国界对外投资、资产重组非常活跃，集团母公司国际化战略跨国、跨地域经营管理就必然涉及外派人员管理。

外派人员多为高管或专业管理顶尖人才、核心骨干，是集团企业财富业绩创造者，承担着保持母公司国内、国外特征，严格贯彻总部集团管控模式与工作标准，确保下属控股子公司战略协同管理，又是母公司政策、文化的传导者和执行者。

外派人员管理好坏，关系下属控股子公司能否高效运营、母子公司战略协同发展。

外派董事

外派董事是指企业集团中，受控股或参股集团母公司董事会委派，代表母公司进入其下属控股或参股子公司董事会，或作为执行董事参与子公司重大决策与经营管理，以实现控股或参股集团公司发展战略、增强资本控制力的董事。

国有控、参股集团公司外派董事指国有控、参股集团公司向其下属控、参股子公司派出的董事。

外派人员的评价与激励

根据董事、监事的职责，集团公司可采用一些量化和非量化的指标对董事、监事进行评价。量化指标如子公司盈利情况的财务指标；非量化指标：股东会的决议执行情况、子公司成长性的指标、对总经理经营的监督情况等。同时要参照同行业其他公司的经营情况，以排除董事、监事不可控因素的影响。

要充分调动董事、监事的积极性，还必须对其进行有效的激励。董事报酬可采用“基薪 + 津贴 + 奖金”的年薪制方式。其中基薪由集团公司发放，奖金与子公司的效益直接挂钩，由子公司支付，用于激励董事谨慎、认真、勤勉地参与子公司的经营决策。基薪、奖金因专职、兼职不同而异。

我国上市公司的实践证明，引入独立董事制度对保护参股股东的利益也有很大的帮助。因此，对于产权管理部门来说，除了要处理好集团公司与派出董事、监事的“委托—代理”关系外，还要在其参股公司中积极倡导引入独立董事制度。

【案例】

某集团母公司《外派董事管理制度》

本制度适用对象：包括集团母公司及其有实际控制权的子公司、参股企业参照执行。

控股公司指集团公司拥有50%以上股份或出资的绝对控股公司，或拥有50%及以下股份或出资且为第一大股东、因股权分散拥有实际控制权的相对控股公司。参股公司指集团公司拥有其股份数额较小，且无控制权的公司。

派驻董事权责界定

集团母公司下属控（参）股企业派驻董事，除公司法和子公司章程所赋予职权外，应当履行以下职责：

（1）提出董事会会议提案。

（2）提请召开董事会会议和股东（大）会会议。

（3）尽职参与董事会会议，履行公司章程规定的董事权利和职责。

（4）维护并促进集团母公司与子公司之间信息渠道的畅通。做好相关行业和子公司信息收集、整理工作，对子公司财务、业务发展和管理情况进行分析、研究，并提出建议意见。

（5）关注、质询子公司经营管理情况，审阅子公司报送文件和经营管理信息。

（6）参与对子公司派驻高管的评价、制订派驻高管的奖惩方案。

（7）分析子公司业务发展和管理情况，提出增资、减资或清算建议。

（8）通过子公司董事会和经营层，将集团母公司的建议和要求落实。

（9）对须经子公司董事会/股东（大）会审议的议案和其他信息进行研究，为集团公司股权管理决策提供支持等。派驻董事有义务根据由集团公司董事、高管、派驻董事、监事及相关人员参加的董事会预备会议精神，在董事会上进行表决。

(10) 出席子公司的董事会/股东（大）会，依据出资（持股）比例，按照集团公司股权管理意见，对重大经营决策、管理者选择、收益分配等重要事项进行表决，代表集团母公司提交议案或进行质询。

此外，外派董事拥有获知所派驻公司各类经营管理信息、出席所派驻公司董事会、在所派驻公司董事会上对所议事项进行表决、提议召开所派驻公司临时董事会等权利，以及作为集团公司的股权代表在所派驻公司董事会进行表决、对董事会决议承担责任等义务。

母公司侵害子公司利益的行为及处理方法

企业集团作为一种企业合作组织形式，一方面因其制度优势而在我国经济中的地位日益重要，另一方面因其复杂结构所带来的诸多治理问题又制约了其良性发展。与单个企业相比，企业集团的组织结构复杂多变，治理问题也具有多重性。由于母公司对子公司的控制能力，在母公司与子公司的利益冲突中处于绝对的优势地位，它们之间的利益冲突主要表现为母公司对子公司的利益侵害。以母子公司为上市公司为例，目前母公司对子公司的利益侵害的主要形式包括：

一是资金占用。母公司直接占用子公司资金是其利益侵害的主要形式之一，这类案例不胜枚举。母公司占款严重影响了中小投资者的投资信心。在一项针对投资者所做的调查显示，一旦大股东占用上市公司资金，77.05%的投资者会选择抛售股票，18.53%的投资者会考虑通过司法途径维权；更有91.29%的投资者，将大股东占款视为是否投资股票的最重要参考因素之一。

二是关联交易。关联交易是母公司或其控股子公司与关联人之间发生的转移资源或义务的事项，包括购买原材料、燃料、动力，销售产品、商品等形式。母公司通过“索取型”关联交易，从子公司进行利益转移。

三是违规担保。利用子公司进行借款担保是母公司侵害子公司利益的另一表现形式。违规担保已经成为上市子公司业绩遭遇埋伏的重要因素。一旦母公司及关联方发生偿债困难，子公司无疑将遭遇巨大的风险。

怎样防范母公司对子公司的利益侵害，缓解母子公司利益冲突？

对此，仁达方略提出以下对策：

（1）实行子公司股权多元化，吸收其他企业法人股东的加入，增加利益相关者，改变集团母公司一股独大的现状，提高母子公司对投资收益的关注程度。

（2）完善法人治理结构，使之发挥应有的作用。集团母公司及子公司都应按照公司法及现代企业制度的要求，规范法人治理结构，强化股东会、董事会、监事会的功能。集团母公司要发挥产权代表人的作用，子公司要切实贯彻集团母公司的经营发展方针，确保子公司不偏离集团母公司的发展轨道。

（3）优化母子公司治理结构。在企业集团内，集团母公司是整个集团的投资、融资、决策中心，各子公司作为利益控制中心，要以提高盈利能力为目标，自主经营，自负盈亏，确保集团母公司投入资产的保值增值及其投资收益。母子公司要明确各自权利和责任，建立新的管理制度，形成集团母公司内部层次清晰、分工明确、集权与分权相结合的科学有效的管理体制。

（4）母子公司的管理就是要按照“谁投资谁受益的原则”，通过公司治理结构管理程序和相应的管理制度行使各自的权利和义务。防范母公司对于子公司的利益侵害，子公司也才会更加信任母公司的作为，使企业集团的资源整合的优势以及管理协同优势得以充分发挥，从而实现集团公司的总体战略目标。

[延伸阅读]

D 集团兼并重组后法人治理设计

随着市场体系的日益完善及科技的进步，企业开发的新产品的生命周期在缩短，企业生存面临着更大的竞争压力。因而企业要不断降低交易成本，提高资源配置效率，扩大组织规模，开展多元化经营。集团的组建，使核心企业与其他成员企业仍旧保持独立经营的法人资格，但是却获得了交易成本的降低及范围经济和规模经济的好处。集团的形成与发展就是由管理向治理转化引致效率提高的过程。通过内涵式分化和外延式兼并，以治理职能代替管理职能，实现集团化运营，这是对市场和企业的替代，它在提高资源使用效率的同时，降低了整个经济组织运行的费用，实现了 1 +1 >2 的战略协同效应。

集团管理层越来越清晰地认识到法人治理在管理中的作用和价值，通过法人治理的强化和构建，实现总部对各分子公司的管理职能，通过完善董事会、监事会、股东会三会的建设，构建强势总部，已经成为集团管控的一个新的趋势和有效途径。在此背景和需求下，D 集团找到了仁达方略，由于经历了兼并重组，D 集团需要建设全新的法人治理结构，从而实现对并购企业的有力控制，各方利益拥有一个良好的诉求平台。

D 集团基本情况

2010 年 2 月 15 日 Z 集团下发《关于组建 D 集团的通知》，决定将下属 A 公司、B 公司、C 公司重组为 D 集团（以下简称“公司”），确定了子集团的核心使命与发展定位。

此次重组的单位中，A 公司创建于 1962 年，专门从事光、机、电、算、控一体化研究，是服务于海陆空三军的光电系统工程总体研究所。研究所设有 4 个总体技术部、14 个研究室、1 个科研试制生产部和 1 个信息管理中心；拥有国防科工委（国防科学技术工业委员会）光学计量一级站、微光技术国防科技重点实验室，以及一批代表国内先进水平的专业实验室。改革开放后，A 公司完成了由事业性向经营性的转变，技术水平不断提高，研究领域不断扩展，培养和造就了一批具有丰富经验的国内著名专家和专业技术骨干，为我国军用光电技术应用开拓了许多新领域，形成了光电系统、光电基础器件和光电技术基础三大研发体系，在光电系统工程总体、稳瞄稳像、微光夜视和光学计量等技术领域处于国内领先地位。

B 公司是隶属于 Z 集团的国有大型骨干企业。公司始建于 1953 年，是国家“一五”期间 156 个重点建设项目之一，也是国家首批认定的国防装备承制单位和国内大型军用光电企业。在军品方面，先后研制生产了航空光电系列产品、地面光电系列产品、武器系统总装总成、精确制导导引头系列产品等 40 多个系列 200 多种产品；在民品方面，依靠科技创新研制开发的太阳能电池组件，技术指标居国内同行业领先水平；依托雄厚的技术优势和工艺创新实力，在光电玻璃材料制备领域研发出了高品质镧系光学玻璃，从而实现了企业在军品领域和民品太阳能光伏、光电玻璃材料领域的多品种、高起点跨越式发展。

C 公司成立于 1964 年，2003 年 12 月实施了军民品分立，组建了以军品为主的“C 公司”。公司以军品能力调整和公司制改造、军民品分立破产为契机，在军品方面，以研制激光制导武器系统、稳像火控系统及系列陆用、舰用光电昼夜观瞄系统等为核心业务，在激光制导、瞄准制导融合、光电探测与识别、光电控制、平台稳定等技术领域实现了重大突破，建立了公司的核心竞争力，在民品方面，形成了 LED 芯片、封装及应用产品、轻合金精密成型产品、光电及精密加工产品为主的三大产业方向。

综上所述，三家单位中，A 公司在光电研究领域具有突出优势，而 B 公司与 C 公司在制造、生产工艺及经营管理方面各有所长，因此，本次重组的目的在于整合光电优势资源，既加强专业化发展又实现优势互补，以产研融合为纽带，构建集团公司各类武器光电整体平台，强化 Z 集团光电的总体战略地位。

项目背景及分析

由于 D 集团刚组建，仅由 Z 集团任命了董事长、党委书记、总经理、监事会主席和常务副总等关键领导岗位，董事会、监事会及经理层的权责尚未明确界定，因此，本项目的主要任务就是在分析企业治理现状的基础上协助公司建立规范的法人治理结构。

目前，子集团由 A 公司、B 公司和 C 公司三家单位组成，除 A 公司为事业单位外，其他两家都有比较完善的治理结构，其中 C 公司是 Z 集团规范公司治理的试点单位。因此，对 B 公司和 C 公司的治理结构现状加以分析，将有助于我们为公司设计出更加合理的法人治理结构。

如图 7－1、图 7－2 所示，两家公司的治理结构各具特色：第一，它们的共同之处是将《公司法》规定董事会名下的审计委员会移到监事会下，加强了分权制衡，规避了我国企业存在的监事会虚设问题，这成为两家公司治理结构的突出特点；第二，C 公司将提名委员会与薪酬、考核委员会合并，体现了 Z 集团规范治理结构的要求；第三，两家企业根据 Z 集团《关于规范成员单位公司治理结构试点工作的指导意见》的相关规定，按照“双向进入，交叉任职”要求，将党委的组织机构（党委组织部和纪委）分别融入董事会和监事会中，体现了党委对企业重大决策的参与及其政治核心作用。

与此同时，两家企业的治理结构设计也暴露出一些问题：

（1）审计委员会设置在监事会下，加强了治理结构的分权制衡，但势必会弱化董事会对企业运营的监督职能，降低了经营效率。

（2）C 公司将提名委员会与薪酬、考核委员会合并，似乎符合机构精简原则，但从管理学角度看，管理人员的提名与考核应当保持分立，否则容易导致委员会成员为规避提名责任而放松对管理人员的考核。

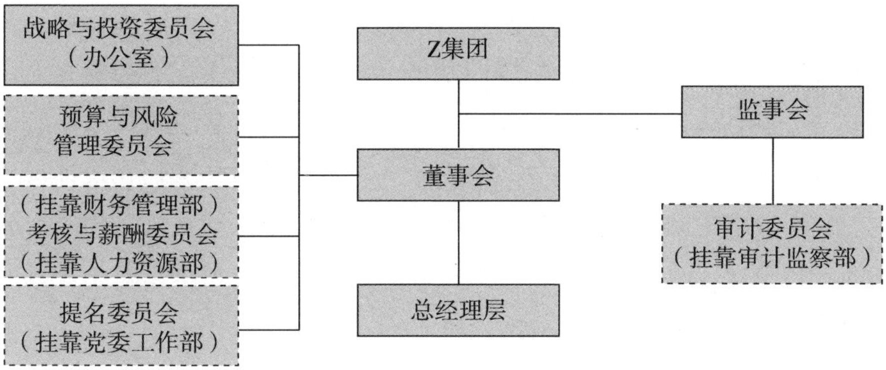

图7－1　B公司法人治理结构

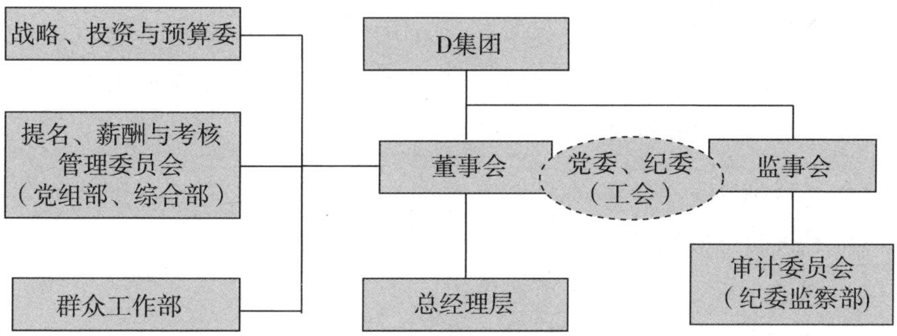

图7－2　C公司法人治理结构

（3）将党委组织机构融入董事会和监事会中，加强了党对重大决策的参与及其核心领导作用，但也增加了治理结构运行机制的沟通和协调成本。

总之，两家企业的法人治理既各有所长，又存在一些问题，这些都为我们设计子集团的治理结构提供了有益的启示。

D集团法人治理设计

建立法人治理结构的首要目的是在所有权和经营权分离的情况下，通过对经营权的分权制衡，规避经营者的道德风险，保障股东或出资人的资产权益不被侵占。另外，分权制衡必然会降低经营者的决策和执行效率，可见，规避经营者道德风险、减少代理成本是以降低企业经营管理效率为代价的，两者存在一定冲突，因此，有效的治理结构是在保障管理效率和降低代理成本之间寻求平衡，以达到企业总体利益的最大化。

D 集团为国防军工企业，按照国家规定，该公司属于国有独资企业。根据公司法，国有独资企业不设股东会，由国有资产监督管理机构行使股东会职权。在本项目中，应由 Z 集团行使出资人职权。这样，我们在设计治理结构时，需要兼顾多方面的制约因素，不仅要依据国家法律法规和国资委关于国有资产监督管理的相关规定，还要考虑 Z 集团的有关要求以及企业目前的治理现状，最终设计出科学有效的公司治理结构。

仁达方略项目组“D 集团法人治理体系设计流程”

（1）了解企业治理现状，发现治理结构实际运行中存在的问题；

（2）认真研读国家相关法律法规和 Z 集团规范治理结构的有关文件，以其作为治理结构设计的依据；

（3）从企业现状出发，根据国家法律法规和 Z 集团要求，确定治理结构设计所要解决的主要问题；

（4）明确治理结构设计的主要内容；

（5）在综合考虑各方面因素的情况下，确定方案。

“D 集团法人治理体系设计主要内容”

根据《公司法》《上市公司治理准则》《企业国有资产法》等法律法规，以及 Z 集团相关文件的要求，仁达方略将 D 集团治理结构设计的主要内容确定为：

（1）规范董事会、监事会、经理层权责，建立董事会、监事会相应工作机构。

（2）整合内部资源，积极探索董事会、监事会工作机构与企业有关经营管理、党组织职能机构的合理设置和有机融合。

（3）研究和界定清楚董事会、监事会和经理层之间决策、监督、执行的权责边界，构建完整的责权体系。

D集团法人治理项目整体解决方案与建议

在对D公司总体调研和访谈基础上，仁达方略项目组设计提供了A、B、C三套法人治理方案。仁达方略项目组认为：战略发展部受战略、投资与预算委员会和总经理的双重领导需事先界定清楚三者的权责关系并建立好协调机制，否则容易产生矛盾。最后通过充分的讨论和研究，最后一致通过了C方案，该方案注重制衡与效率之间的平衡，在治理结构的分权制衡的基础上，兼顾了企业的经营管理效率。

通过与有关人员交流研讨以及阅读相关文件，仁达方略对公司情况有了比较全面的了解，提出相应的看法和建议。

子集团治理结构设计主要参考了Z集团下属单位治理结构的规范试点经验，以及项目组对其他国有企业法人治理咨询的成功经验。应该讲，经过多年的探索和总结，仁达方略推荐的治理结构方案行之有效且较为完善。目前的关键是如何使治理结构有效运行。

治理结构有效运转的前提有两个：一是合作；二是制衡。只有合作没有制衡，容易形成内部人控制；只有制衡而合作不足，则企业不能有效运转。

目前，子集团的管理层人员构成由一定特殊性，董事会、监事会及经理层的主要成员分别来自三家单位，代表了不同的利益主体，彼此之间需要一段时间了解和熟悉，这就给治理结构最初的实施和运行带来一定难度。

针对这一情况，我们认为目前需要在管理层建立起有效的沟通协商机制，在决策前充分讨论，听取各方意见，合理协调各方利益，从而推动治理结构的有效运行。

第八章

央企公司治理

通过先剥离托管后整体上市的央企，面对公司治理，是反向收购母公司模式，还是换股吸收合并模式，还是换股IPO模式，还是“A+H模式”？

央企整体上市与治理结构

整体上市指一家公司将主要资产和业务整体改制为股份公司境内境外同步上市的做法，利于上市央企获得业绩增长和估值溢价、资源合理配置、国有股“一股独大”股权结构优化。与分拆上市相比，央企整体上市已成为央企在A股市场首次公开发行上市、国资国企混改、并购重组整合的主流模式。

2007年，国资委将央企整体上市作为“做大做强央企”的重要战略举措，制定了央企整体上市初步框架，即“两个阶段、四种模式”，以实现央企的分类、分批整体上市。

“两个阶段”指先剥离托管，后整体上市。“四种模式”指A+H[①]模式、反向收购母公司模式、换股吸收合并模式、换股IPO模式。

央企整体上市主要选择“境内加境外”即A+H模式。

反向收购母公司模式：指被控股的上市子公司反向收购母公司资产和业务，实现母公司主业整体上市，分定向增发反向收购（如武钢集团“定向+公募”）和自有资金反向收购（如中软集团）两种模式。

换股吸收合并模式：指将同一实际控制人的各央企上市公司（横向同业或纵向产业链关联密切）通过换股方式吸收合并或新设合并，完成央企整体上市（如百联集团）。

换股IPO模式：指央企集团与所属上市子公司的公众股东以一定比例换

---

① A+H模式：指央企完成投资主体多元化股份制改造后，直接IPO上市同时发行A股、H股上市，属法人整体上市。2006年6月1日和12日，中国银行在香港和上海分别发行H股25568590000股和A股6493506000股，就实现了A+H模式整体上市。

股，吸收合并所属上市子公司，同时央企集团发行新股，分改制、吸收合并、首发三步实施，其中吸收合并和首发同时进行，互为前提（如上港集团）。

在我国，70%上市公司是国资国企或央企，上市目的是融资，上市公司在经营管理上缺乏独立性，造成公司治理结构存在严重缺陷，导致资金占用、违规担保、关联交易等问题。央企整体上市后，央企集团所属同类优质资产、上下游关联资产被集中到上市公司，其独立性增强，这就为完善公司治理结构、国资委监管奠定了坚实基础。

据统计：国资委目前共拥有112家央企，旗下共有277家A股上市公司，总市值超10万亿元。未来5年至7年之内，112家央企将可能重组为30~50家，一半以上将不再控股。2015年已有六组12家央企整体上市兼并重组，多起合并资产规模超千亿元。

2016年作为“十三五”开局之年，中央经济工作会议推进供给侧改革、国企重组、去产能关键年，央企整体上市，“强强联合”同质化业务、细分行业整合重组，国企改革进程加快。

如作为多家A股公司大股东的H股公司中材股份和中国建材——国资委“四项改革”发展混合所有制经济试点央企旗下共计12家A股上市企业正在筹划战略重组，水泥建材“去产能”全面提速。

仁达方略“法人治理”课题组跟踪研究发现：

央企整体上市，一方面为央企整合重组创造平台，利于法人治理结构优化；另一方面，在实践实操上也将面临一系列新课题。

央企整体上市后，谁来做股东

让国务院国资委、各地方国资委直接当100多家央企出资人、800多家国有控、参股整体上市公司股东，履行对全国央企整体上市国有资本统一监管职能，国资委“国有资产所有者、出资人”和“监管者”角色合二为一，既做“教练员”，又做“运动员”，是否变成淡马锡式控股公司？引发央企上市公司被国家操纵和政府补贴的嫌疑？此外，国资委与央企整体上市公司的股民一起开董事会——国资委能否保证中小股东利益？能否按现代公司制度运作？国资委热衷于与国有独资集团公司和国有资本经营公司争夺股权，是否会削弱其对全国国有资本统一监管职能？

由此来看，结合国资央企混改实际和中国公司治理国情，科学地创新“中国特色法人治理”体系或模式，成为国资委及央企高管，本土智库们共同面临重大关键性课题。

在仁达方略来看，央企整体上市后法人治理完善须妥善处理以下三个关系：

首先，要妥善处理母公司与整体上市公司之间关系。整体上市前的母公司随资产、业务进入整体上市公司，履行对上市公司国有股东权利，转让国有控股股权由国资委决定。完善整体上市公司的法人治理结构，上市公司经营管理、战略决策事项由上市公司股东大会、董事会、经理层决定。母公司应支持保障上市公司规范运作。

其次，要妥善处理国有股东与中小股东之间关系。《公司法》《公司章程》等相关法律法规，已经赋予各股东的平等权利。央企整体上市公司股东利益已经结成共同体，公司发展应当让全体股东获益。

国有控股股东应当充分尊重、维护：表决权、知情权、参与管理权（提建议、询问和质询）、收益权。当国有股东利益与中小股东利益不一致时，既要维护国有股东利益，又要兼顾中小股东利益平衡。

最后，要妥善处理经济效益与社会效益的关系。央企的公有制性质决定了央企整体上市后，经济效益与社会效益无根本利害冲突。央企整体上市企业更有责任、义务在追求经济效益同时确保社会效益。

兼并重组后多重治理难点

央企的口号是做大做强——做大成为关键的追求目标，于是央企合并、兼并其他类型企业，成为快速做大的重要手段。然而后来，央企的口号是做强做优（重要的一方面是公司治理优），正是看到了盲目追求大的弊端。做强做优，无疑比做大做强更合理。

原国务院国资委主任李荣融称，“要保持企业持续、健康地发展，前提是要有良好的公司治理……企业一时效益好有什么用？公司治理如果不解决好，企业说倒就倒的。安然、世通就是这样的例子”；“如果没有规范的董事会，没有规范的治理结构，无论是董事长挂帅，还是总经理挂帅，都得倒，都是不可持续的。历史已经证明，不仅在中国会倒，外国同样会倒。雷曼倒下如此，安然倒下同样如此”；“建设好企业公司治理结构和一整套制度，才是企业可持续发展的基础，是基业长青的基础”。央企合并，做大了企业规模，带来有效整合问题，相当程度上增加了公司治理健全的难度。

历史上，已经有不少央企因为公司治理出问题而亏损、经营困难，乃至倒下。例如，有央企因为盲目追求规模、迈向世界500强（实际上是按营业收入排的500大），决策盲目、风险控制缺乏，导致企业巨亏、债务颇大，陷入破产边缘；靠逾90次并购而成为中国最大的医药集团及纺织集团的央企华源集团，整而不合、财务管理混乱、内部控制薄弱，终资金链出重大问题、债台高筑，被另一家央企华润重组；曾经辉煌无比的央企三九集团因为公司治理出问题（一把手体制、盲目追求规模等）等原因，彻底倒下了。此外还有诸如缺乏战略和管理的协同效应；并购后整合难，人员和管理“两张皮”现象长期存在；企业并购重组没有反映出出资人利益和企业利益，存在盲目扩张倾向……央企重组未必只有光鲜一面，如果重组失败，对于央企这样规模的企业来说，整合失败的社会代价巨大。

仁达方略研究认为，上述种种问题本质上就是公司治理问题，既包括国有资本（国家所有权）目标是否清晰、是否有相应体制机制落实，也包括兼并重组中行政力量和市场力量以谁为主，以及兼并重组后企业的治理安排。如果央企兼并重组不重视公司治理，可能带来的问题更大更多，缺乏协同效应、国内垄断地位加强，但同时国际市场竞争力不足、未反映国有资本目标、整而不合等问题可能会被进一步放大。用一句话概括，央企兼并重组面临着较大的治理挑战。

现在社会上对央企合并可行性、合理性的焦点更多聚焦在战略层面，事实上公司治理的层面同样重要，有时甚至可以说更重要。合并做大企业规模，而理论上，企业规模越大，对公司治理的要求就越高，就越需要高质量的公司治理做支撑，否则企业就容易虚胖，甚至有大而易倒的风险。然而，长期以来央企的公司治理不完善、水平不高，合并后的央企也曾出现过重大公司治理问题，甚至危及企业生存。如今的央企合并，面临多重治理挑战。

其一，众所周知，国有企业特别是央企是一类特殊的企业。多数央企集团是按照《企业法》注册的，在企业治理结构的安排上尽管这些年已经有了一定变化，但“老三会”即党委会、职代会和工会仍然作为企业的重要权力机构，其中党委会发挥着重要作用。此外，每个企业都有行政级别，其高管也对应地有省部级、厅局级的行政头衔。企业的董事长、总经理或者是由中央组织部选拔任命，或者是由国资委选拔任命。有的央企是多层次、多地域分布；也有一些企业经过了股份制改造，按照《公司法》注册。因此，现实中央企的治理结构非常复杂。

其二，如果两家央企要合并，其内部的治理结构上的冲突不可避免，而化解这些冲突和矛盾所需的交易成本常常是十分巨大的，比如合并后的人事如何安排就是一个突出的问题。如果两家企业都是同级别的，其主要领导由组织部门或国资委选任，在企业职数既定的前提下，总会有一些人会被调整到低于其在过去企业的位置上，这就不可能不会影响到他们对于合并的态度——曾经，一家被新东家重组的央企，因作为“一把手”的总经理不满意新的职位安排，在副总经理们都同意重组的情况下，他却最终决定投入另一家央企的怀抱。甚至，国资委企业改革局的一位官员称，央企的重组是老总位置的重组，不是企业的重组。如果老总的位置搞定了，重组就成功了一半，反之就无法合并成功。而国资委研究中心的一个官员说，企业合并能否达成 1 +1 >2，其中企业文化很重要。企业文化说白了就是老总文化，如果老总顺溜，就容易得到 1 +1 >2 的效果。将来，两个企业重组完，两个领导都拿下，空降一个，一旦文化理顺，出资人主导的重组就会相对顺利。

不仅如此，由于国企员工通常会比较长期地在一个企业工作，在长期工作中形成的稳定关系也会在合并过程中产生某种抵触。

再则，如果是一个以《企业法》注册的央企与一个是按照《公司法》注册的央企进行合并，不仅会涉及企业基本制度的变更，同时，企业的“老三会”与公司制下的“新三会”即股东会、董事会和监事会之间的对接也会成为合并的阻滞因素。建立新的董事会、管理团队后，团队的融合也会是很大的挑战。公司政治在央企不少见，合并可能会让这一问题更突出。曾经，两家主业类似的央企合并，两个主要负责人之间的矛盾突出、整而不合，公司一度陷入亏损局面，后来其中一个负责人被调走。地方国企层面也出现过，被合并企业的老总不听集团指挥，损害公司治理协调运转，在省政府的干预下，以此老总被撤换了事。

仁达方略研究认为，央企体量大，尤其需要练好法人治理内功，当面对兼并重组后的多重治理挑战时，应当通过出资人负责而恰当地行使控制权，以董事会制度建设为核心来完善公司治理，尽快形成激励和约束机制，才能确保重组预期效果的实现。

【案例】

南、北车合并后的公司治理

2000年中国铁路机车车辆工业总公司被分拆为中国南车、中国北车，已发展成为全球最大两家轨道交通装备制造商。

为共同打造“中国中车”全球轨道交通装备制造“巨无霸”，实现“以轨道交通装备为核心，跨国经营、全球领先高端装备系统解决方案供应商”战略目标，2015年6月1日，经A、H股股东大会、国资委、证监会、港交所和商务部、境外反垄断审查机构等审核批准，南、北车宣布：正式合并为“中国中车（CRRC，股票代码601766）”——中国中车股份有限公司，新公司采用新的组织机构代码、股票简称和代码、法人治理结构。

技术合并路线：按照“对等合并”原则，中国南车和中国北车的A股和H股采用同一换股比例1∶1.10进行换股。即每1股中国北车A股股票可换取1.10股中国南车A股股票，每1股中国北车H股股票可换取1.10股中国南车H股股票。中国南车的A股换股价和H股换股价分别确定为5.63元/股和7.32港元/股，中国北车的A股换股价和H股换股价分别确定为6.19元/股和8.05港元/股。

“中国南车”向“中国北车”全体A股换股股东发行“中国南车A股股票”、向中国北车全体H股换股股东发行“中国南车H股股票”，且拟发行A股股票将申请在上交所上市流通，拟发行H股股票申请在香港联交所上市流通。合并后的中国北车A股股票和H股股票相应予以注销。

2014年12月30日，南、北车宣布合并前，中国南车拥有全资和控股一级子公司21家，其中全资子公司17家；中国北车则拥有全资和控股一级子公司29家，其中全资子公司21家。

“中国中车（CRRC）”公司治理

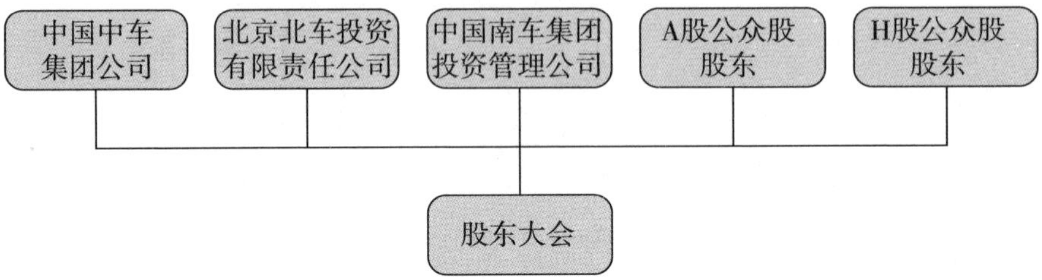

图 8－1　中国中车合并后组织结构

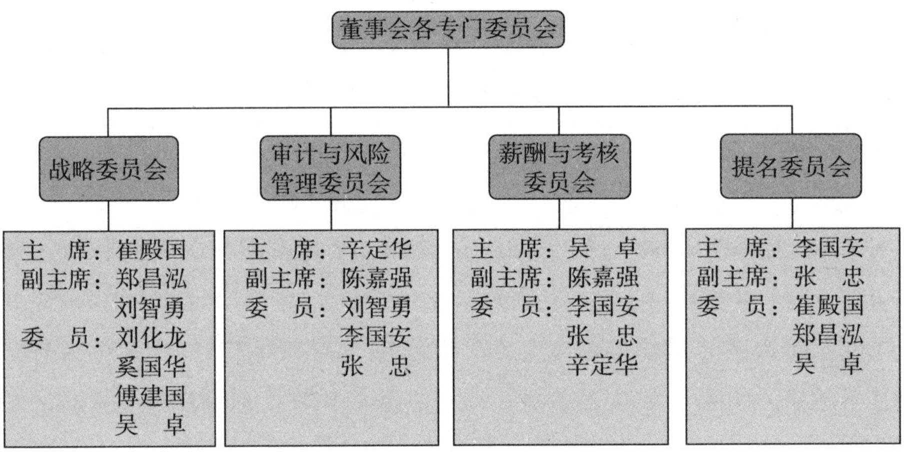

图 8－2　中国中车第一届董事会委员会组成

中国中车（CRRC）完成合并后股权结构

中国中车（CRRC）全部资产分为等额股份，股东以其认购的股份为限对公司承担责任，公司以其全部资产对公司的债务承担责任。

公司总股本为 27288758333 股，其中：上证所上市人民币普通股 22917692293 股，占公司总股本 83.98%；香港联交所上市境外上市外资股合计 4371066040 股，占公司总股本 16.02%。

其中，中国南车集团公司持有 7796321142 股股份，占公司总股本 28.57%；中国北方机车车辆工业集团公司持有 6990001869 股股份，占公司总股本

25.61%；北京北车投资有限责任公司持有380172012股股份，占公司总股本1.39%；中国南车集团投资管理公司持有93085715股股份，占公司总股本0.34%。

由此来看：中国中车（CRRC）股权结构中，国有股占55.91%（控股）、非国有普通股占44.09%。

（1）中国中车（CRRC）第一届董事会组成

从中国南车、中国北车两家公司董事会7人扩增至11人。

董事长：崔殿国，原中国北车董事长

总裁：奚国华，原中国北车总裁

行政副总裁：赵光兴，原北车副总裁

执行董事：郑昌泓（原中国南车董事长）；刘化龙（原中国南车总裁）、崔殿国、奚国华、傅建国。

党委书记：郑昌泓

总经理：刘化龙，原中国南车总裁

公司章程规定："高级管理人员"指公司总裁、副总裁、财务总监、董事会秘书，以及董事会可能聘任的其他人员。

（2）中国中车（CRRC）第一届监事会

监事会主席：万军（原中国北车纪委书记、中国北车集团党委副书记及纪委书记）。

（3）中国中车（CRRC）组织架构

中国中车（CRRC）股份下设：董事会办公室等25个经营管理机构，其中职能部门17个、事业部8个。25个组织架构成为未来中车公司治理的整体轮廓，各业务板块的梳理将按该组织架构进行，目前重组工作正在推进。

中国中车（CRRC）合并后，将成为一家资产超3000亿元、营收逾2000亿元、净利润逾百亿元、手持订单超2400亿元的巨无霸轨道交通公司，利于抓住全球轨道交通快速增长、"三网融合"契机，整合内部资源，化解产能过剩，推动"中国制造2025"和中国高铁出海、装备制造业转型升级，通过能力创新实现技术资源共享互补、规模协同效应，改变世界轨道交通行业竞争格局。

董事会与党组织

董事会也称董事局，是央企的“大脑”，公司法人治理主要责任机构，受股东大会委托，代表公司行使法人权利和承担义务，以董事会形式履行公司战略决策职能，确立公司制度性文件，干预公司经营管理。

董事长，也称董事局主席，是央企当然的法人代表，董事会的领导者。

党的十八大《党章》规定：“中国共产党是中国工人阶级的先锋队，同时是中国人民和中华民族的先锋队，是中国特色社会主义事业的领导核心，代表中国先进生产力的发展要求，代表中国先进文化的前进方向，代表中国最广大人民的根本利益。”

《党章》认为：“我国正处于并将长期处于社会主义初级阶段。”

中国共产党实行“一元化”政治制度，是中国政治体制的核心，它塑造了中国特色社会主义政治体制，是中国社会主义市场经济体制创造者，因此，党在当代中国政治体制和央企整体上市公司法人治理体系、董事会制度中当然地处于核心领导地位，这既是历史的选择，也是中国人民的选择。

党的领导指马克思主义政党对无产阶级革命事业和社会主义建设事业的引导和向导作用。《党章》指出：“党的领导主要是政治、思想和组织的领导”，主要是靠代表人民群众的利益，制定和执行正确的路线、方针、政策，保持党同群众的密切联系，得到人民群众信任和拥护来实现的。

党的核心领导地位指党在中国政治体制各个方面、各个环节、各个层面，都处于核心领导地位，既控制着从中央到地方各级政府的权力，也控制着经济、社会、军事、司法等各个领域的权力，决定着政府政策的制定执行、干部选拔任用，以及全社会的政治价值观念等。从整体上看，党控制着中国社会各个领域的主要权力，中国社会生活的各个领域实行全面领导，几乎具备了国家机器的全部职能。

十八大以来，党的领导也面临着制度创新，党的领导方式、执政方式、监督制约机制等具体制度的创新等挑战，但党对央企、国资国企的绝对领导地位不可能动摇。

2015 年 8 月，中共中央、国务院颁布《关于深化国有企业改革的指导意见》指出："国有企业属于全民所有，是推进国家现代化、保障人民共同利益的重要力量，是我们党和国家事业发展的重要物质基础和政治基础。""坚持党对国有企业的领导。这是深化国有企业改革必须坚守的政治方向、政治原则。要贯彻全面从严治党方针，充分发挥企业党组织政治核心作用。"

"三、完善现代企业制度

（八）健全公司法人治理结构。重点是推进董事会建设，建立健全权责对等、运转协调、有效制衡的决策执行监督机制，规范董事长、总经理行权行为，充分发挥董事会的决策作用、监事会的监督作用、经理层的经营管理作用、党组织的政治核心作用，切实解决一些企业董事会形同虚设、'一把手'说了算的问题，实现规范的公司治理。"

"七、加强和改进党对国有企业的领导

（二十四）充分发挥国有企业党组织政治核心作用。把加强党的领导和完善公司治理统一起来，将党建工作总体要求纳入国有企业章程，明确国有企业党组织在公司法人治理结构中的法定地位。党组织领导班子成员可以通过法定程序进入董事会、监事会、经理层，董事会、监事会、经理层成员中符合条件的党员可以依照有关规定和程序进入党组织领导班子；经理层成员与党组织领导班子成员适度交叉任职；董事长、总经理原则上分设，党组织书记、董事长一般由一人担任。"

"切实承担好、落实好从严管党治党责任。进一步加强国有企业领导班子建设和人才队伍建设。加强对国有企业领导人员尤其是主要领导人员的日常监督管理和综合考核评价，及时调整不胜任、不称职的领导人员。切实落实国有企业反腐倡廉'两个责任'，完善反腐倡廉制度体系，努力构筑企业领导人员不敢腐、不能腐、不想腐的有效机制。”

仁达方略对《指导意见》等政策解读认为：“党一直坚持在政治上对各行各业的领导权，这是社会主义现代化建设取得胜利的根本保证。”因此，必须坚持党组织对央企整体上市公司等国有企业的政治领导。党组织在央企整体上市公司法人治理结构、董事会制度中应处于核心领导地位。

此外，根据《公司法》规定：“在公司中，根据中国共产党章程的规定，设立中国共产党的组织，开展党的活动。公司应当为党组织的活动提供必要条件。”

央企整体上市公司应当尊重国家政体、《公司法》规定，设立党组织。当公司股东大会决议、董事会和监事会决议违反法律规定时，党委和党组织可以干预该决议生效或付诸实施。因国家利益需要，党委需要公司物质支持时须尽力协助。

央企上市公司的监事会应负责公司行为、法规制度文件与国家利益之间冲突方面与党委进行协调，通过纪检监督进行干预，维护公司利益。

[延伸阅读 1]
新兴际华治理试点

新兴际华集团有限公司，为国务院国资委监管的中央企业，是集资产管理、资本运营和生产经营于一体的大型国有独资公司，世界 500 强企业（2015 年第 344 位）。曾经是国资委内树立的董事会试点进行较好企业的标杆之一。新兴际华的董事会由来自不同领域的资深企业家、学者等 9 人组成，其中外部董事超半数的配置，有效杜绝了“内部人控制”的可能。而以董事会为核心的现代企业制度是走市场化道路、发展创新的活力之源。

新兴际华集团是目前综合实力和技术水平位居世界前茅、产销量居于世界首位的球墨铸管生产研发基地，是国内最大的钢格板和后勤军需品、职业装、职业鞋靴、高端纺织品生产研发基地，是拥有军需装备出口权的外军军需品市场的主要采购、加工基地，是国内天然气非管网运输的行业领先者，

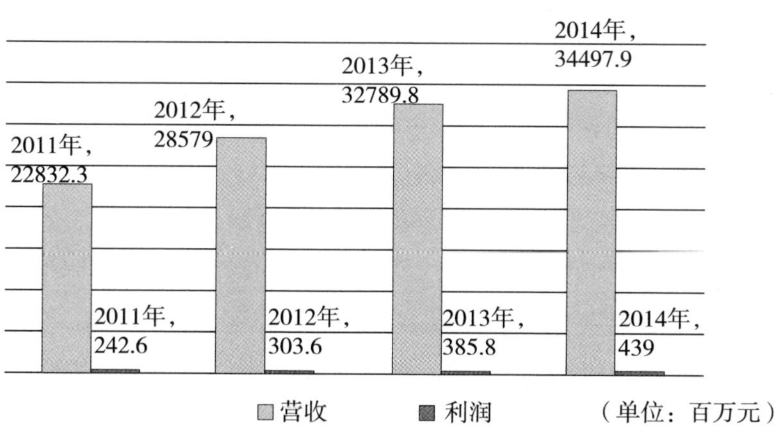

图 8－3 新兴际华集团 2011—2014 年营收与利润

是国家应急救援产业技术创新战略联盟的组织者，是国家级创新型企业；拥有国家级企业技术中心、军需品检测中心和企业博士后工作站。

法人治理情况

（1）新兴际华通过决策权与经营权有效分离和专业管控权与自主经营权有效统筹，实现了“集中的权力分散化、隐蔽的权力公开化”。

在具体操作上，横向上通过董事会、经理层、监事会在决策、执行、监督上的“三责共立”，实现“高人掌舵、能人撑船、贤人护航”，共开大船；纵向上以层级分权为基础，推动“集团—板块—成员企业”法人治理体系“三级共建”，实现“集权有道、分权有序、授权有章、用权有度”，突出法定代表人的中心地位。

管控模式发生了变化，即集团总部定位于战略中心，二级企业定位于经营管理中心，三级企业定位于成本利润中心。通过层层设置不同定位，将集团公司专注于战略管控和财务管控，对二级和三级企业则赋予发展方向权、投资决策权以及业绩考核、薪酬管理权、人事权。放权同时，新兴际华从治理和管控两大维度制定了基本治理制度、管控制度，集团公司层级管理手册对 39 大类 108 项权力的权限使用进行了详细的规定。2013 年年底，集团公司治理现行有效制度共计 39 项，其中包括 21 项公司治理基本制度、18 项内控制度；集团所属四个二级板块合计出台 55 项公司治理基本制度、92 项内控制度，实现了“隐蔽的权力公开化、集中的权力分散化”“集权有道、分权有序、授权有章、用权有度”，让权力在阳光下运行。

（2）规范董事会。

一是以规范董事会建设为核心，推动“新三会与老三会”有效对接，建立权责明确、有效制衡的治理结构，实现决策、执行、监督“三责共立”，对董事会、经理层的职责权限作出明确规定，保证规范运作。

集团董事会定位于决策层，并承担国资委授予的相当于股东会所有的部分权力，在授权范围内主要行使四大类权力，即，制订、批准企业发展方向、发展战略和目标规划；制订、批准企业的投融资议案及重大项目；制订、批准经理层的选聘标准、选聘经理层；制订、批准经理层考核标准并进行考核等。

经理层定位于执行层，行使正确理解和准确把握董事会决策，严格贯彻落实董事会相关决议，保证年度预算计划及中长期规划的实施等职权。

监事会定位于监督层，行使监督、检查本级董事会，贯彻落实上级决议，要求，董事履职情况；监督、检查经理层，贯彻落实本级董事会决议、要求，以及经理人员履职等情况，监督、检查董事会、经理层、职能部门、下级企业履职是否符合相关程序、权限范围和有关规定等职权。

通过“双向进入、交叉任职”，保证法人治理与党委政治核心、职工民主管理“三个体系”的良好融合，形成了权责明确、协调运转、有效制衡、共促发展的领导格局，增强了董事会决策控制力、监事会的监督力、经理层的执行力、党委的保障力、工会的亲和力，从而协同提升集团活力。

二是以外部董事作用发挥为关键，实现外董、内董、职董“三智共融”，实行外部董事“一票缓决制”，即所有议案只要有 1 名外董反对就暂缓上董事会表决。

集团本届董事会目前有内部董事 3 人、外部董事 6 人，这些外部董事中，都具有较强的经营决策能力和丰富的经营管理经验。为了充分发挥其价值，新兴际华不仅安排外部董事进入专门委员会，而且将其下沉至各专业板块，经常组织各种调研、研讨，为其履职提供更多便利，充分发挥其决策专家、执行督导、经营顾问作用。

每年组织向外部董事专题汇报 15 次左右，外部董事会成员参加各种调研、考察每年超过 100 人次，参加各种项目论证会超过 80 人次，每名外部董事的工作时间都超过 60 天。新兴际华充分尊重外董意见，决策前充分论证和沟通，决策意见不一致，一般不上会表决；决策后及时汇报决策执行情况，根据他们的意见，虚心整改。

外部董事作用的有效发挥，提升了集团科学决策水平。三年来，董事会批准了 52 个投资项目，目前有 15 个项目已完成，26 个项目已开工，建成项目项项见效。同时，新兴际华董事会先后否决了因形势变化而失效的 9 个投资项目和议案，避免因决策失误导致的近10亿元投资风险。

三是以层级分权为基础，实现集团—板块—企业法人治理体系“三级共建”。推行专业化管理模式，对所属70多个三级企业分4个板块进行管理，并由工厂制改革为公司制。形成以外部董事制度为核心的三级法人治理体系，确保“集中的权力分散化、隐蔽的权力公开化”。

（3）实现董事会、党委会、经理层“三马共驾”。

在治理层面，凡属企业重大问题，首先由党委会研究。党委提出供董事会或总经理办公会决策的参考意见，不仅使党组织的主张在决策过程中得到应有的重视和体现，而且更加有利于党组织的决策意图融入最终的经营决策之中。

在管理层面，集团党委根据经营管理热点、难点、重点，及时提出工作要求，动员各级党工团组织和党团员带头配合经营工作，确保董事会决议高效执行、经理层迅速落实。

董事会、党委会、经理层主要负责人的互动关系对治理结构有效运转和领导班子的影响至关重要。新兴际华建立了三位主要领导即时互动的机制，主要领导之间交流都是面对面、心交心，从不让他人传话。

董事长、总经理认真落实“一岗双责”，高度重视、积极支持、主动参与企业党建思想政治工作，并在机构、人员、经费等方面提供保障，结合经营管理工作重点，对党建政工工作提出要求。

党委书记坚持围绕中心、服务大局，自觉维护董事会决策的权威性，支持经理层独立开展工作，每月出席总经理办公例会，根据经营管理热点、难点、重点，及时提出工作要求，动员各级党工团组织和党团员带头执行，积极配合经营工作，确保董事会决议高效执行，经理层的部署迅速落实。

（4）集团下放用人权和薪酬权，董事会行使高管选聘、业绩考核和薪酬管理职权。

在业务考核与薪酬管理上，新兴际华建立了以薪酬与考核专业委员会主导的三级企业负责人业绩考核与薪酬管理体系。集团公司和所属各董事会企业的薪酬与考核委员会都形成了外部董事主导、企业资产财务部、董事会办公室等部门协助支持的工作体制。集团公司的委员会负责二级公司主要负责人的考核与薪酬管理，二级公司其他班子成员的考核由同级董事会进行管理。

在用人制度上，新兴际华坚持业绩考核结果与干部任免相挂钩。2006—2012 年，集团公司三级企业以上领导中，有 41 人因业绩考核不合格被降职、26 人被免职。新兴际华也坚持内外市场公开选聘。总部 62 名管理人员全部都是“站起来、再坐下”“走出去、再进来”的全员市场化竞聘上岗产生的，其中员工外聘比例 83.37%，10 名部门负责人有 8 名外聘。还坚持打开通道、打破资历实现晋岗晋级。以总部为例，每年在各部门绩效排名前 2 名的员工，参与集团领导和全体员工的述职考评，成绩优异者可破格晋升一个职级。

[延伸阅读2]

大型企业的董事会变迁

荷兰皇家/壳牌集团（Royal Dutch Shell）总部位于荷兰海牙，由荷兰皇家石油与英国的壳牌两家公司合并组成。荷兰皇家石油于1890年创立，并获得荷兰女王特别授权，因此被命名为荷兰皇家石油公司。为了与当时最大的石油公司—美国的标准石油竞争，1907年，荷兰皇家石油与英国的壳牌运输贸易有限公司合并。

双董事会

两家母公司按协议合并股份，皇家荷兰石油公司占60%股份，壳牌运输和贸易公司（英国）占40%的股份。两家母公司有各自的决策机构，向各自的股东负责。母公司并非集团的组成部分，且不直接参与经营，但有权任命集团各控股公司的董事会成员并从集团各控股公司收取利润。两家母公司均为上市公司，荷兰皇家石油公司的股票在阿姆斯特丹、伦敦、纽约、苏黎世等9个城市挂牌上市，壳牌运输和贸易公司在伦敦、纽约、巴黎等5个城市挂牌上市。

这一独特的双董事会治理结构，从成立之初就为人们所争论。但是，在2004年之前的近百年里，壳牌的发展相对而言还是比较快速的。因此，直到2004年壳牌爆发虚报原油储量事件，才将双董事会治理结构的弱点暴露无遗。并以此为导火索，在2005年终结了这一存在长达98年的独特制度。双董事会的百年壳牌能在成立之后获得迅速的发展，并成为世界三大石油巨头之一，自然有其独到之处。在公司治理结构上，尽管开始的近百年里一直都是双董事会结构，但壳牌还是根据业务的发展进行了多次的调整，以便能够有效地进行管理。由于双重性，集团一开始是通过一支强大的高层管理层频繁往返壳牌在各地的营运公司来连接母公司与营运公司的纽带。但是双董事会带来的管理层的争端一直存在。

在20世纪30年代末到40年代期间，由于缺乏有效的协调机制，集团的英国籍高管与荷兰籍高管矛盾重重，为了解决这个问题，壳牌在40年代末在双董事会结构下设立一个常务董事会（Committee of Management Directors，CMD）。这是一个由英荷两国管理人员组成的委员会，CMD成员共同承担责任，CMD主席与各成员在做正式决策时并不具有更强作用，决策民主化开始显现；此外还成立一个由荷兰皇家石油公司的监督管理委员会成员及壳牌运输与贸易公司的非执行董事组成的监督机构对CMD进行监督。

20世纪40年代末到50年代，壳牌业务急剧发展，原先公司的组织结构使公司难以妥善管理日益扩张的业务。因而，从1946年开始，壳牌对组织结构进行了一系列的调整。1959年4月，壳牌集团公司通过在海牙和伦敦开设服务公司、地区监督及在区域基础上协调各项业务等措施，使之前设立的“常务董事会”（CMD）更加完善，从而使壳牌不再将集团视为一家拥有很多分公司的机构，而是迈向了真正的集团管理。

20世纪60年代中期，壳牌新成立了天然气部。70年代石油危机后，壳牌实行了多元化的战略，在石油、化工、天然气等业务之外，又增加了金属、煤及核能等业务，这给集团结构带来了新的压力。因而在70年代中期集团决定发展业务组织概念，以保证同一地区内各种业务间的协调，以一致的态度处理同政府及其他团体的往来。1978年，集团公司将地区组织职责进一步扩展至包括区内所有集团的业务，并提出了在个别国家设立壳牌专员的概念，壳牌专员协调并统筹该国的各项业务，直接向地区监督负责。

20世纪80年代，出于形势变化和战略需要，壳牌又对组织机构进行了大规模的精简，撤销或合并了许多分（子）公司，壳牌在欧洲主要国家设立地区公司，以地区管理为主。

20世纪90年代，壳牌石油公司对组织结构进行了新一轮变革，目的就是要提高管理决策效率，加快对市场变化的反应速度，最大限度发挥各级人员的主动性和创造力，突出速度、灵活、整体协同和创新的特点。壳牌石油公司长期以来主要按地理位置来安排公司的组织结构。公司建立四个洲一级的地区总公司，而且在有关国家或地区建立分公司。每个分公司都要从事勘探开采、炼油、销售等业务，总部的后勤服务部门负责向分公司提供法律、财务、信息以及其他各项服务，这样分公司往往要接受多部门多层次的管理和领导。于是，从1995年起，壳牌集团公司对传统的矩阵结构进行调整，调整的主要内容是按公司的主要业务范围建立商业组织，从过去按地区和部门多头管理转变为按业务范围直接进行管理，目的是让下属分公司的主管在享有更大自主权的同时必须对本公司的经营状况直接负责，从而确保公司经营战略得以实施和对下属公司实行有效的管理和制约的同时，能最大限度地发挥一线企业主观能动性。

1996年，皇家荷兰/壳牌公司集团在全球500家大公司中排名第6位，在全球石油公司中排名第1位。

到2000年，皇家荷兰石油公司拥有股东74万，而壳牌运输与贸易公司拥有股东27万并且拥有五大核心业务，包括石油勘探与生产、天然气及电力、油品、化工、可再生能源。这样的管理模式属于综合型管理，较之以前的管理模式，能够使壳牌更好地适应环境对外界变化做出反应，提高企业效率和竞争能力；也有利于发挥各单项结构的优点，协调或平衡产品经理和地区经理的权力；避免了多头管理，使下属分公司的主管享有更大的自主权，对本公司的经营状况直接负责，最大限度地发挥了一线企业的主观能动性。直到2004年壳牌爆发储量丑闻，导致包括前董事长菲利普·沃茨在内的3名公司最高层主管辞职，股票价格迅速下跌20%。危机迫使壳牌重新审视其治理结构和领导方式，并最终将这一独特的双董事会送上了“断头台”。

单董事会变革

2004年10月，壳牌集团开始计划将公司转变为单董事会治理架构，由同一个董事会和首席执行官管理。2005年7月20日，在两大母公司董事会合并方案获得通过后，荷兰皇家和壳牌运输实现统一，新公司名为荷兰皇家壳牌有限公司，合并后的公司在英国成立，而总部设在荷兰海牙。根据股东大会决议，两家母公司的董事会合并，并按美国公司架构任命一位首席执行官和一位董事长，取代双董事会的格局。

新结构具备更大的问责制，而且新结构更能以业绩为导向，壳牌更富有竞争力。简化后的架构呈流线型，可以让决策—制定机制更顺畅，也有利于公司未来能承担更多的并购项目。

2009 年，壳牌又对公司架构进行了一次彻底重组。这次变动把勘探和开发、石油和电力，以及油砂等单位，整合成两个新的部门。在简化结构和提高效率方面，壳牌一直没有停下脚步，而且从不放松。

仁达方略研究认为，无论是双董事会，还是单董事会，都有其特定的优势，国际企业的具体做法也有其特定的法律背景，对于目前合并潮汹涌的央企来说，具体采用什么样的董事会治理结构还需要审视自身情况、结合我国法律环境而定。但我们从百年企业的发展历程中也可以学习其不断推陈出新的勇气和胆魄。随着环境和战略的变迁，企业根据新的形势做相应的调整和变革，不断地变化和革新才是永恒不变的真理。

第九章

法人治理新发展

经过发展的公司治理机制—— 合伙人制的本质是怎样？优缺点如何？未来的发展方向？本章内容有新视角、新思维。

“合伙人”制

2013 年 9 月，港交所行政总裁李小加与阿里巴巴董事局执行副主席蔡崇信通过日志形式，就阿里巴巴上市问题隔空对战，双方的焦点在于阿里巴巴的“合伙人”制度。自此对于阿里独特的“合伙人”制度的争议逐渐走向台前。而 2014 年阿里巴巴正式在美国路演，上市在即，其中不乏成功之处，但也有多个投资公司表示“合伙人”制度存在风险。那么阿里巴巴的合伙人制度究竟是什么，是怎样运作的，应当怎么评价呢？

阿里巴巴从 2010 年开始试水“合伙人”制度，基本内容是在公司章程中设置的提名董事人选的特殊条款：即由一批被称作“合伙人”的人，来提名董事会中的大多数董事人选，而不是按照持有股份比例分配董事提名权（合伙制的法律规定）。需要注意的是，阿里巴巴所称的“合伙人”权责是有限的，他们并不能直接任命董事；所提名的董事，仍须经过股东会投票通过才获任命，但是如果股东会不通过，“合伙人”可以一直提名。合伙人的更新来自于自我更新，推选新的合伙人需得到所有合伙人 75% 的投票支持，而罢免合伙人则需要得到所有合伙人 51% 的投票支持。

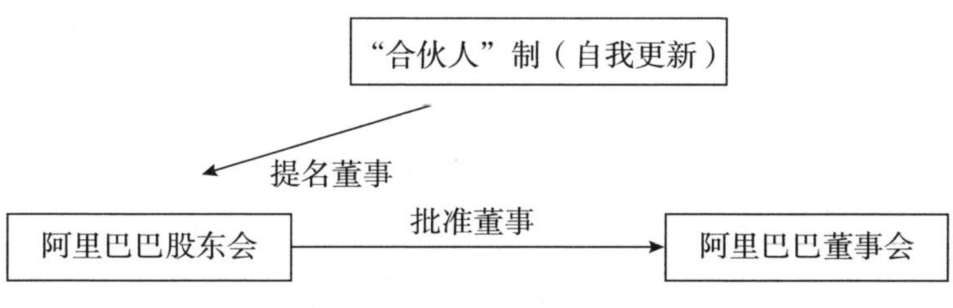

图 9－1　阿里巴巴“合伙人”制度作用示意

蔡崇信认为："合伙人"这一公司治理机制，能够使公司核心高管拥有较大的战略决策权，减少资本市场短期波动影响，从而确保客户、公司以及所有股东的长期利益；同时，管理层并不是谋求对企业的控制权，而是因为文化对于企业，尤其是互联网企业具有重要作用，要保持发扬阿里巴巴文化。但也有人认为："合伙人制度无非是双重股权结构的翻版，其本质是攫取董事会席位及对公司的控制权，有违公平原则。"

究竟是否是双重股权结构的翻版？双重股权结构并不是新鲜事物，即区分优级股与普通股，优先股一般具有数倍于普通股的投票权，以谋求少数人对公司具有强大的控制能力，这本身是为美国登国公司法所允许的制度。例如伯克希尔·哈撒韦公司（Berkshire Hathaway）、谷歌公司（google）、facebook（脸书）、百度都采用这一股权架构。相比于一般职业经理人，创始人作为管理人员往往更重视公司的长远发展。数据也证明这一点，根据 Amoako - Adu 2001 的研究，通过对 1983—1998 年期间上市的 62 个双重股权公司和 318 单一制公司进行比较，发现这些双重股权公司平均寿命要比单一制公司长 1.5 倍。并且，双重股权公司的资产规模平均是单一制股权公司的 2 倍。类似地，Bohmer（1995）通过对纳斯达克上市公司的样本分析，发现美国的双重股权公司在规模和寿命方面比单一制股权公司长。同时，出于关于控制人谋取个人经济利益、为了公司创建人的个人效用、防止恶意收购等方面考虑，也可能采用双重股权制。双重股权制中的优级股股东对于公司的日常运营、战略决策都有着较大影响。

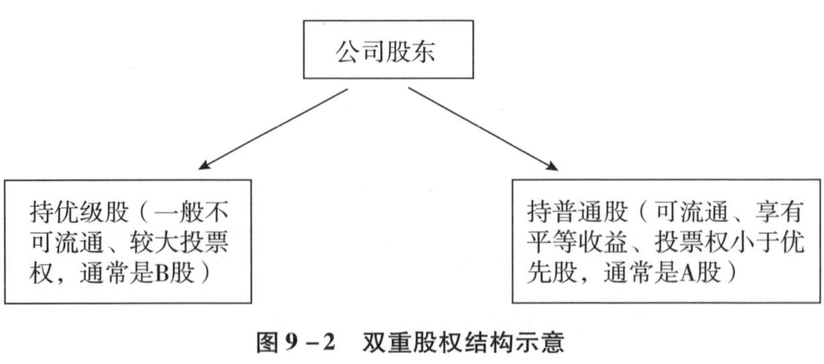

图 9-2　双重股权结构示意

而阿里巴巴的“合伙人”制并没有如此复杂的股权结构，唯一的权利不过是对董事会董事的任命中有较大的提名权。阿里巴巴集团有着长期虚置董事会的传统，董事会由4名董事组成，管理层2人、雅虎和软银各委任1人，畸形的架构来源于其股权结构；同时董事会的作用也存在问题，马云曾公开表示说：“阿里巴巴董事会成立6年以来，从来没有一件事情是通过或不通过，而都是以会议纪要形式作出的。”言外之意就是大部分决策是董事会之外进行磋商、博弈决定的。这首先是不符合现代公司董事会中心主义的要求的。另外实然上也是违背我国公司法上对于董事会会议的要求的。在2010年雅虎投票权增至39%之后，阿里巴巴管理层的压力也随之而来，按照引入雅虎财务投资时的约定，在2010年雅虎对于阿里巴巴的投票权应当增至39%，并且将有权委任2名董事。这意味着阿里管理层将不得不面对更大压力与阻力。可以说，阿里改革董事会是势在必行的。一方面阿里管理层试图回购雅虎持有的阿里股份。另一方面，阿里巴巴试水“合伙人”制，第一，可以凝聚管理层团结对外；第二，可以在意外的情况下有效应对雅虎的介入。

而在2013年雅虎与阿里巴巴签订回购协议，阿里巴巴管理层应对雅虎的控制应当告一段落，但作为应急机制的“合伙制”继续存在，即使是在成为阿里巴巴赴港上市的一个阻碍，阿里巴巴管理层仍然坚持。一方面，阿里巴巴并不急于上市，相反在与交易所的博弈中更是处于有利地位；另一方面，阿里巴巴“合伙人”制度确实有着有利作用。

第一是经济利益。不仅仅在于同时是股东的管理层可能可以更好地实现公司的长期发展，还存在类似于美国封闭公司的“事实股利”的行为。在美国由于受到美国税收政策的影响，公司利益向股东的输送主要通过工资报酬而非股利的方式进行，这是由于工资报酬可以在公司纳税前进行扣除，只需在股东层面纳税，而股利是不能在公司纳税前扣除的，因此也就意味着双重征税。通过工资、报酬、补贴等形式从公司流向股东的利益，被学者称为“事实股利”。另外，被公司雇佣也是很多封闭公司的股东投资时的一个利益考量因素，并非像在其他类型公司中那样作为一个独立的关系而存在。阿里巴巴在发展中推行股权激励计划，管理层也是公司股东，对于公司的控制，更意味着可以更好实现“事实股利”。

第二是社会考量。为什么管理层更在意对公司的控制力？不仅仅是因为经济因素，更多的是政治因素、社会因素的考量。持股自然人与董事局主席有着不一样的政治待遇与社会评价。其一，现代公司法理念更多接受董事具有独特的权利义务与职责，因此董事与股东享受并不一样的政治待遇也是可以理解的。其二，运用政治市场经济的理论，我们可以看出作为“理性人”，企业家对于政治的有着自己的期待，我们甚至可以建议企业家的经济实力与政治地位的函数关系。

第三是该制度确实能相对有效协调股东大会与董事会之间的矛盾。因为根据现代公司法理论与理念，应当是股东大会具有最高权力、董事会是执行机关，但事实上很多公司是董事会控制了公司，股东会实际上不可能行使对于公司的管理权。现代公司法便以此为基础展开，包括著名的商业判断规则，都是以此为基础展开的，衡平法股东与董事之间的风险与利益。如英国公司法改革中就通过提高股东表决权行使的效率、强化股东在公司治理中的积极作用，整合并重述董事的责任。而阿里巴巴“合伙人”制度因为合伙人一方面是股东，另一方面是被认为是公司文化的创造者、信仰者，由其来进行公司董事的提名，可以更好地协调股东会与董事会之间的信任关系，更好地实现公司的稳定。

正如我国对于 VIE（可变利益实体）有着长达 10 多年的模糊认识与法律缺位，对于阿里巴巴“合伙人”制，我们的法律也不一定要立即介入，不妨先让其自治。正如朱苏力教授认为：除了经济以外，改革创新本身也会带来社会的复杂性，特别是技术问题。法律不可能靠规则本身解决问题，一定要深入到各行业非常细致的问题，比如互联网或者保险业，都会慢慢形成它的规则。法律人现在获得的法学教育，或者法律本身，都缺少对于这些部门本身规则的理解，因此去干预的话不一定很恰当，而如果不干预，站在外面，法律又不可能作为一个制度发挥作用。

双重制衡

万科推崇的“事业合伙人制”除了实施股票期权，还有一项就是“股票跟投”，通过项目跟投，利益捆绑，驱使职业经理人朝股东身份转化，形成“合伙的心态”。

根据万科早前的公告，共有1320位员工率先成为首批万科事业合伙人（包括在任的全部8名董事、监事、高级管理人员）。如果以万科2013年年报的在册员工35330人而论，大约3.7%的万科员工成为首批事业合伙人。所有事业合伙人均签署了承诺书，将其在经济利润奖金（“EP奖金”）中的全部权益，委托给代表万科事业合伙人集体的盈安财务顾问企业（“盈安合伙”）的一般合伙人进行投资管理。

EP奖金是万科2010年推出的薪酬体系当中的一部分，适用范围包括公司高级、中层，以及骨干员工。当时万科对原有的业绩考核体系进行调整，减少销售奖、年度利润奖计提比例，引入基于EP（经济利润）作为考核指标的经济利润奖金制度，形成固定薪酬、销售奖、年度利润奖和EP奖金相结合的薪酬结构体系。

万科认为，认同客户是第一位的，股东和员工谁排第二是个大问题。过去提出把股东放在第二位，不敢向阿里巴巴那样，将股东排第三，而是自己放在第三位，可是大家内心不一定认可，通过持股制度就解决了这个问题，员工和股东画等号了。

不过，股票跟投并不仅仅是“期权式绑定”，也是项目跟投的一个“协同方”。

所谓项目跟投，是指万科今后所有新项目，项目所在一线公司管理层和

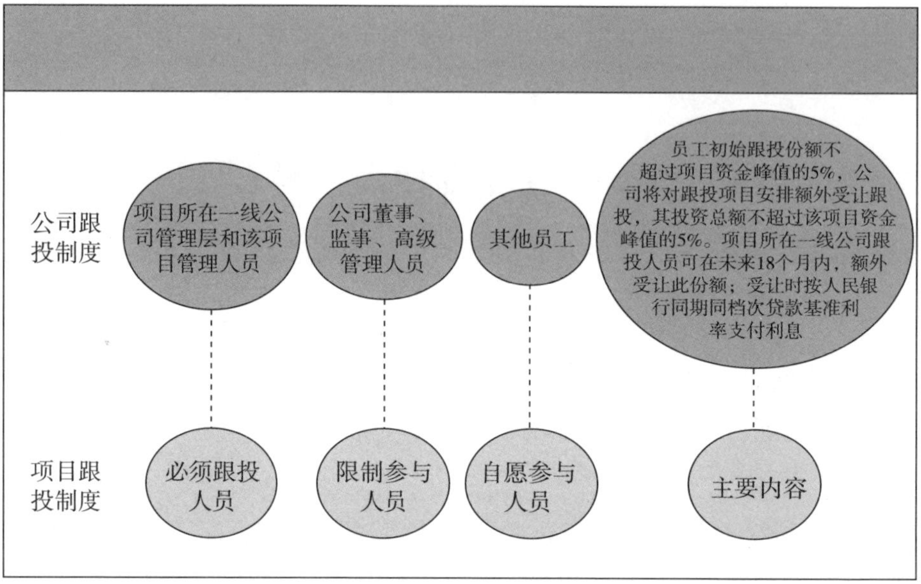

图 9－3　项目跟投制度

该项目管理人员必须跟随公司一起投资，公司董事、监事、高级管理人员以外的其他员工可自愿参与投资。根据这一方案，员工初始跟投份额不超过项目资金峰值的 5% 。万科还将对跟投项目安排额外受让跟投。项目所在一线公司跟投人员可以在支付市场基准贷款利率后，选择受让不超过项目资金峰值 5% 的份额。

项目跟投意味着从拿地、设计、工程、销售等不同部门都整合成一个个不同的项目组，就像互联网公司一样，不再是通过部门流水线的方式，而是通过一个个项目的方式，整合为“壹”，广州万科将这种方式称之为“壹团队”，项目牵头人从某个部门出，然后协调不同部门的人来完成这个项目。当然，不同部门的人同时也会有其他项目，也加入其他壹团队，只有壹团队的牵头人是唯一的，从前到后从头到尾，不加入其他项目组的。

那么一线公司的项目跟投，是否会存在“短期投机主义”倾向，比如他们可以筛选出一种有把握的、短期见效的项目跟投，或者做一些“利益输送”。对此，万科的解决对策是管理层对所有的项目都要跟投，这样就断了根，短期的、长期的都要投，另外，虽然总部权力下放，区域总部事业部化，但在总部还有否决权，人事决定权在总部，如果出现不合规现象，总部可以取消合伙人资格，并且总部在持股方面也有。

也就是说，项目跟投的各种投机主义玩法，一方面要经过总部的审查，另一方面也会作用在万科股票上面，股价会为此埋单。股票跟投相当于一个长期的评价机制，对项目跟投的长久利益做一个“协同上的平衡”。

项目跟投之后，由于一线公司的管理层和项目人员都跟投，他们会特别关心销售资金的回流速度，希望早点将本金拿回来。现在员工的想法是“一要快、二要多”。首先本金回来要快。地产黄金时代本金想着慢点回来，可以多赚点钱。跟投之后员工真不在乎多少利益，主要是回本要快。

沿着事业合伙人的思想，郁亮提出“事业合伙人 2.0 或者 3.0 版本”，比如未来能否将项目跟投扩大化，将产业链上下游也变成合作伙伴，建立新型房地产生态系统。在他的设想中，如果施工单位也成为事业合伙人，偷工减料的问题是否就能从根源上得到杜绝，工程质量得以保证。房地产本身是个资金密集型行业，如果买地时资金方面引入合伙人制度，成本也能大大减轻。

这相当于将产业链的利益相关者也发展为事业合伙人，从一家公司出发，作为平台进行内部创新，创新最终结局是重构一个生态体系。

代理参与权

微软于 1975 年 4 月 4 日由比尔 · 盖茨和保罗 · 艾伦合伙成立，并且于 1981 年 6 月 25 日重组为公司，总部位于雷特蒙德。微软公司为用户提供范围广泛的产品和服务，并通过优秀的软件使人们在任何时间、任何地点、通过任何设备进行沟通，是世界个人和商业计算机软件行业的领袖。微软公司多次进入世界五百强、世界最佳品牌一百强榜单，是一家以对人的重视、尊重和信任而成为全球最受人仰慕的公司。

微软公司能够取得如今举世瞩目的成就，与其成功的法人治理具有密不可分的联系。微软的创始人盖茨只持有微软公司不足 5% 的股份，公司的具体运营也早就交予职业经理人。法人所有制的制度下，公司的所有权与控制权相分离，股东处于高度扩散的状态，股东通过董事会依照资本多数决的原则，来实现其自己的意志并实现对管理层的监督。微软公司的股东们每年选举董事会成员，治理和提名委员会根据多个参考标准，采用各种方式评估候选人，并在股东大会中予以举荐。微软公司还设置了四个专属委员会，分别为审计委员会、薪酬委员会、治理和提名委员会和公共政策委员会。

微软还颁布了一系列有效的制度，包括公司的董事会、监事会、四大专属委员会以及员工的工作细则、规章制度。通过这些内部制度规范了各自的议事方式和决策程序，更加清晰地界定他们的权力以及职责，促使他们更加高效地工作，行使各自的权利，履行职责，从而保障组织运作良好，为企业发展奠定基础。

微软公司历来沿用的都是薪酬体制和绩效体制，其薪酬构成中，薪金部分只处于同行业的中等水平，刚加入微软的员工可能会存在薪酬低于原来公司水平的现象。但是，微软公司实施的“员工持股”制度会给员工带来巨大的福利，吸引了大量人才加入。微软的绩效管理体制的核心是：形成内部竞争，保持员工对绩效评定的焦虑，驱使员工自觉地寻求超越自己和超越他人。

微软公司在发展历程中也曾多次遭遇瓶颈，但其凭借高效的法人治理一次次地攻破瓶颈，逐渐成为计算机操作系统设计与研发行业的龙头老大，形成了丰富的行业经验和强大的实力。2009 年经济危机对微软带来前所未有的冲击，但经过近几年的努力，微软公司的财务状况不断好转。

2015 年，微软公司董事会对外宣布了关于公司治理制度的一项改革，未来公司股东可以获得委任董事会成员方面更大的权力，股东也可以借此更深入影响微软的战略决策。

日前，微软董事会宣布将引入所谓的“代理参与权”制度。在这种制度下，持股股东可以向股东大会提交董事会成员推荐名单，并进行投票，哪怕这名董事遭到公司管理层的反对。

据悉，在美国，越来越多的大公司开始接纳“代理参与权”制度。

本质上，这种制度让股东对于董事会的组成获得更大的影响力，另外通过推荐股东青睐的董事，现有股东可以影响微软未来的业务决策。

这种改革总体上对于股东有利，之前美国通用电气公司、Verizon 通信公司都采用了代理参与权制度。

据统计，在标普 500 指数成份股公司中，已经有 5% 的公司采用代理参与权制度。

新型的网络治理模式

如果说企业组织中的人性假设经历了“经济人”“社会人”“复杂人”的演变，那么网络社会中的人性则是“网络人”。虚拟社区给人们提供了一个更加开放的交流环境，将点到点的交流变成点到面的互动，而且通过参与决策改善彼此之间的满意度，能促进合作关系的持续发展。

在数字商业时代，互联网络与电子商务不仅对公司科学决策与战略选择产生了直接影响，而且对公司治理也产生了革命性的变革。如何对股票市场中的欺诈行为进行监控，是保护中小股东利益的一个重要内容。随着信息技术的发展与普及，中小股东作为公司的利益相关者不再需要代言人，他们通过网络表达意愿成为可能，可以通过网络直接用手投票，不再游离于公司治理的边缘，而成为公司治理的直接参与者与自身利益的自我保护者。因此，网络成为公司治理的工具。为有效推动网络治理模式，相关部门需要出台规范性的措施，使这一新的治理模式在可操作性的规则之上发挥作用。

网络型的治理组织也在公司治理改革中发挥越来越重要的作用，国际公司治理网络（ICGN）是促进公司治理最佳做法的国际组织，该组织的主席古彼耶认为先决条件是要让投资者相信公司的运作符合股东的长远利益。成熟的高级主管正日益认识到这一点，并正在采取措施，达到甚至超过各自国家和行业的治理规范。

十年来，全球公司治理一直在发生变化，各个国家都在进行相应的公司治理变革，只不过国际性大公司的丑闻相继曝光，引起理论界对公司治理问题的创新性思考，加速了公司治理改革的步伐，使得节约成本、控制风险、保护中小股东利益等问题的重要性与紧迫性愈发突出，因而也成为公司治理改革的新趋势。另外，这也意味着我国未来的公司治理需要特别关注这三个领域，通过不断降低公司治理成本，有效控制公司治理风险，切实保护中小股东利益，来推动我国公司治理的日臻完善。

全球公司治理新趋势——反腐

全球公司治理新趋势是什么？在某高峰论坛上，OECD（经济合作与发展组织）前秘书长唐纳德·约翰斯顿和世界可持续发展工商理事会兼 CEO 贝德凯提出：公司发展很大的挑战在反腐，如何建立和完善社会治理结构和深化企业制度改革，是全球进入全面改革新阶段的重要课题。

唐纳德称："即便是在美国这样一个开放和成功的市场经济体，有非常成熟的监管机构来推动公平以及健康的竞争，但近年来，公司治理中也需要美国政府努力来维护整个体系的完整度和公平度。"

而谈到公司运行中遇到的挑战，唐纳德说："公司发展更大的挑战在反腐，这个腐败可能是非法的，那些明显的腐败；也可能是合法的，比如企业的高层管理人员有巨额的薪资，持有大量的股权，且可能会在股票市场中只会增值却没有贬值的风险。"

唐纳德称："公司治理要避免合法和非法腐败，中国和其他新兴市场如果不能很好应对这个挑战，那么就会降低政府、公司的公信力，扭曲公共和合理资源的分配，摧毁投资者的信心。"

谈到政府如何进行反腐工作时，唐纳德说："如果各级政府（国家、地区、城市）系统腐败，公司在这样的地区做生意也会腐败。"

附录一

法律实务

重压之下，只做1%的幸福小股东

公司发展过程中难免出现大股东修改公司章程压制小股东利益的行为，对此世界各国都规定了相应的修改原则，我国现行法律仍然存在规则的短板，不足以充分保护公司中小股东的利益。

【案情简介】

2011年3月30日，山东胜利钢管有限公司（简称胜利钢管）、湘潭钢铁集团有限公司（简称湘潭钢铁）和湖南盛宇高新材料有限公司（简称湖南盛宇）共同出资成立了湖南胜利湘钢钢管有限公司。公司章程约定，公司董事会由7人组成，胜利钢管、湘潭钢铁、盛宇高新各推荐董事候选人4名、2名、1名。章程同时约定盛宇高新有权提名合资公司4名副总经理中的1名。合资公司成立一年多后召开股东会，减少注册资本，减资后股东胜利钢管、湘潭钢铁、盛宇高新在合资公司的持股比例分别为54.96%、43.10%、1.94%。盛宇高新的持股比例从9%降至1.94%。减资后又过了9个多月，合资公司召开股东会，修改公司章程，董事会的组成由7名董事减为5名董事，盛宇高新丧失董事候选人提名权；关于副总经理的提名，改由总经理提名，董事会聘任或解聘。在表决时，合计持股98.06%的两大股东投赞成票，盛宇高新表示反对。该股东会以少数服从多数的理由通过了章程修正案的决议。盛宇高新认为这次对公司章程的修改违反了公司法的相关规定，侵害了小股东的权利，诉至法院请求依法撤销。

【法院判决】

法院认为，被告修改公司章程的决议虽然获得了98.06%表决权的股东通过，但其通过的内容不符合公司章程，损害了原告的权利。因原告对此表示反对，故原告的诉讼主张应予支持，被告的答辩没有法律依据，其理由不成立。2013年8月30日，湖南省湘潭市岳塘区人民法院依据《中华人民共和国公司法》第11条、第22条第2款之规定，判决如下：撤销被告第一次股东会关于《批准公司章程修正案（第四次修改）决议》。

【评析】

看完该判决结果，不禁令人疑惑：如果公司修改章程的决议内容不得违反公司章程，那么公司又如何能修改章程？与其说这是一个逻辑陷阱，不如说法官对公司决议修改章程的规则还是缺乏理解。抛开法官的糊涂逻辑不说，在本案中，盛宇高新作为公司小股东的利益能否受到法律保护？在大股东利用表决权优势压制中小股东利益时，我国的法律制度为中小股东提供了何种保护？在享受了视觉愉悦之后，适当的思考还是必要的。

一、公司章程能否约定不得修改章程

我国《公司法》规定了公司可以通过股东会（股东大会）以特别多数决的形式来修改公司章程，但未规定当公司初始章程中规定不得修改章程的约定时，该条款是否有效。根据公司法理论，初始章程不得阻碍章程修改的通道，即初始章程不得为后续章程的修改设置不合理的障碍。因为公司是一项开放性的合约，老股东退出、新股东加入，董事、经理更是一代新人换旧人。公司的初始章程，不得为后续章程的修改设置过高的门槛，否则极有可能产生这种局面：几十年前由当时股东制定的陈年旧法，尽管股份早就易主，但章程还在辖制着一代“新人”，这种规则的正当性将受到质疑。

二、修改公司章程，世界各国怎么看

我国对修改公司章程的规则并无细致的划分，原则上 2/3 以上表决权通过即可修改公司章程。然而，“无规矩不成方圆”，英美主流国家针对公司章程的修改都建立了相关的股东利益保护原则，具体而言如下：

（1）不得侵犯股东既得利益原则。

很多大陆法系国家都通过成文法的形式确立了保护股东既得利益的原则，如我国台湾地区公司法规定：“发起人（股东）依照公司章程所享有的特别利益，在公司章程的后续修改中可以修改，但是不得侵犯其既得利益。”《德国股份公司法》亦规定：“多数股东应当信守‘诚信’原则，不应当无限度地行使股东权利，损害少数股东的既得利益，法庭禁止多数股东对少数股东的压制。”具体而言，股东的固有权如投票权、成员权、清算时的财产分配请求权等不得通过章程予以限制，而基本权利以外的权利，则可以通过章程进行自治，但仍然需要遵循章程修改的基本原则，不得侵犯股东的既得利益。

（2）善意地为了公司整体利益原则。

该原则可谓是英美法系国家公司章程修改的“帝王条款”，在修改公司章程的行为规范中具有统领的指导性地位。该原则要求股东（大）会修改章程的动机须为善意且必须是为了公司整体利益而修改章程，具体而言包括：禁止欺诈少数股东、没有正当理由不得通过修改公司章程剥夺股东财产或将少数股东剔除出公司、不得修改公司章程损害少数股东权利等规则。

（3）非经股东同意，不得给股东设定新义务原则。

即使增加股东的义务有利于公司整体利益，也应当恪守这一原则。《德国有限责任公司法》第 53 条第 3 款规定：“只有经全体参股股东同意，方可就增加股东依照公司合同必须承担的给付作出决议。”《英国公司法》第 22 条也规定：“公司细则的修改不得要求公司成员在修改时认购额外的股份，或以其他任何形式加重股东的责任为目的。”

三、公司决策损害中小股东利益，我国法律如何规定

（一）对小股东的保护

1. 表决权代理制度

我国《公司法》第106条规定：“股东可以委托代理人出席股东大会会议，代理人应当向公司提交股东授权委托书，并在授权范围内行使表决权。”表决权代理在一定程度上有利于中小股东主动行使权利，为中小股东提供了集合力量对抗控股股东的途径。

2. 公司决议的无效和撤销之诉

我国《公司法》第22条规定：“公司股东会或者股东大会、董事会的决议内容违反法律、行政法规的无效。股东会或者股东大会、董事会的会议召集程序、表决方式违反法律、行政法规或者公司章程，或者决议内容违反公司章程的，股东可以自决议作出之日起六十日内，请求人民法院撤销。”

3. 股权回购请求权

我国《公司法》第74条规定：有下列情形之一的，对股东会该项决议投反对票的股东可以请求公司按照合理的价格收购其股权：

（1）公司连续五年不向股东分配利润，而公司该五年连续盈利，并且符合本法规定的分配利润条件的；

（2）公司合并、分立、转让主要财产的；

（3）公司章程规定的营业期限届满或者章程规定的其他解散事由出现，股东会会议通过决议修改章程使公司存续的。

自股东会会议决议通过之日起六十日内，股东与公司不能达成股权收购协议的，股东可以自股东会会议决议通过之日起九十日内向人民法院提起诉讼。

异议股东股份回购的请求权制度能够较好地协调各方面的利益，赋予反对决议的少数股东以股份收买请求权，使不愿意接受公司重大变化的股东能够在获得合理的补偿后退出公司，从而保护了中小股东的利益。

4. 累积投票制度

我国《公司法》第105条规定："股东大会选举董事、监事，可以依照公司章程的规定或者股东大会的决议，实行累积投票制。本法所称累积投票制，是指股东大会选举董事或者监事时，每一股份拥有与应选董事或者监事人数相同的表决权，股东拥有的表决权可以集中使用。"

累积投票权的建立可以保障中小股东能选出自己信任的董事或监事，从而在一定程度上平衡大小股东的利益。

（二）对大股东的限制

1. 限制大股东表决权

我国《公司法》第16条规定："公司向其他企业投资或者为他人提供担保，依照公司章程的规定，由董事会或者股东会、股东大会决议。前款规定的股东或者受前款规定的实际控制人支配的股东，不得参加前款规定事项的表决。该项表决由出席会议的其他股东所持表决权的过半数通过。"第125条规定："上市公司董事与董事会会议决议事项所涉及的企业有关联关系的，不得对该项决议行使表决权，也不得代理其他董事行使表决权。该董事会会议由过半数的无关联关系董事出席即可举行，董事会会议所作决议须经无关联关系董事过半数通过。"

2. 特别决议的表决权比例要求

我国《公司法》第43条规定："股东会会议作出修改公司章程、增加或者减少注册资本的决议，以及公司合并、分立、解散或者变更公司形式的决议，必须经代表2/3以上表决权的股东通过。"第103条规定："股东大会作出决议，必须经出席会议的股东所持表决权过半数通过。但是，股东大会作出修改公司章程、增加或者减少注册资本的决议，以及公司合并、分立、解散或者变更公司形式的决议，必须经出席会议的股东所持表决权的2/3以上通过。"

四、大股东任性，小股东无奈

由此可见，我国法律在处理大股东修改章程压制小股东利益的问题上，保护的范围和力度都有待提升。对于该部分最重要的《公司法》第 74 条——异议股东的股份回购请求权而言，并未规定异议股东退出的具体程序，且规定异议股东因反对公司章程修改可以退出公司的情形过于狭窄，只限于公司章程规定的营业期限届满以及其他解散事由出现等情形，不仅如此，该条仅仅规定公司具有回购义务，而未规定赞成修改公司章程的股东或受益股东具有回购义务。

本案中，合资公司中的胜利钢管、湘潭钢铁两大股东利用表决权优势修改公司章程，剥夺盛宇高新的董事候选人提名权和副总经理的提名权的行为，如果根据世界主流国家的公司章程修改原则来看，面临法律的责难倒是无可厚非，而反观我国公司法中原则的缺失和具体规则规制的狭窄范围，盛宇高新作为公司中小股东的利益很难得到保证，除非小股东和大股东在合资公司成立前签订了提名权不受影响的协议，小股东要么忍气吞声，要么出售股份一走了之，但无论是哪种结果，小股东的利益都必然会遭到侵蚀。难怪会有人说，只想做 1% 的幸福小股东呢。

小股东解除大股东资格

根据《关于适用〈中华人民共和国公司法〉若干问题的规定（三）》（以下简称《公司法司法解释三》）第17条规定，股东未按章程约定履行出资义务或抽逃全部出资，经催告后在合理期限内仍未缴纳或返还出资的，公司可以以股东会决议解除该股东的股东资格。对于该股东除名决议，该未出资股东不具有表决权，即便该股东系控股股东。《公司法》修正后降低了股东投资门槛，但不代表减轻股东不履行出资义务的责任，只是股东的出资义务更多源于股东之间的意定，而非法定。当股东不履行约定的出资义务达到根本违约程度时，其他股东可以追究该未出资股东比较严苛的法律责任，直至解除其股东资格。

【案情简介】

上海万禹国际贸易有限公司（以下简称万禹公司）设立于2009年3月11日，设立时注册资本100万元，股东为宋某某、高某。2012年8月28日，万禹公司召开股东会会议，作出决议：增加公司注册资本由100万元增至1亿元；吸收新股东杭州豪旭贸易有限公司（以下简称豪旭公司）；增资后的股东出资情况、股权比例为，宋某某60万元（0.6%）、高标40万元（0.4%）、豪旭公司9900万元（99%），等。同日，万禹公司通过新的公司章程，公司章程中关于公司注册资本、股东出资额及持股比例的内容与上述股东会决议一致。

2012年9月14日，两家案外公司汇入豪旭公司的银行账户共计9900万元。同日，豪旭公司将该9900万元汇入万禹公司的银行账户内。经会计师事务所验资确认后，同年9月17日，豪旭公司即将增资验资款9900万元从万禹公司账户中转出，通过一系列账户流转，还给了两家案外公司。

2013年12月27日，万禹公司向豪旭公司邮寄“催告返还抽逃出资函”，称豪旭公司已抽逃其全部出资9900万元，望其尽快返还全部抽逃出资，否则，万禹公司将依法召开股东会会议解除豪旭公司股东资格。但豪旭公司未返还抽逃的出资。

2014年3月6日，万禹公司向豪旭公司邮寄“临时股东会会议通知”，通知其于同年3月25日召开股东会，审议关于解除豪旭公司股东资格的事项。

2014年3月25日，万禹公司召开2014年度临时股东会，全体股东均出席股东会。股东会会议记录载明：“……（5）到会股东就解除豪旭公司作为万禹公司股东资格事项进行表决。（6）表决情况：同意2票，占总股数1%，占出席会议有效表决权100%；反对1票，占总股数99%，占出席会议有效表决权的0%。表决结果：提案通过。”各股东在会议记录尾部签字，但豪旭公司代理人在签字时注明不认可上述表决结果。同日，万禹公司出具股东会决议，载明：“因股东豪旭公司抽逃全部出资，且经催告后仍未及时归还，故经其他所有股东协商一致，决议解除其作为万禹公司股东的资格。万禹公司于本决议作出后30日内向公司登记机关申请办理股东变更登记及减资手续。”宋某某、高某在该股东会决议上签字，豪旭公司代理人拒绝签字。

由于豪旭公司对上述股东会决议不认可，宋某某作为股东诉至法院，请求确认万禹公司2014年3月25日股东会的决议有效。万禹公司同意豪旭公司的诉请。

豪旭公司述称，豪旭公司未抽逃出资，即使有抽逃出资行为，其仍具有股东资格和股东权利，对股东会会议拥有99%的表决权。其已表决否决了2014年3月25日的股东会决议，该股东会决议无效。

【法院判决】

一审法院采纳了豪旭公司的意见，判决：驳回宋某某的诉讼请求。宋某某和万禹公司不服，提起上诉。二审法院认为，本案证据能够证明豪旭公司抽逃了其认缴的9900万元的全部出资款，且经万禹公司催告后在合理期限内仍不返还。根据《公司法司法解释三》第17条有关股东除名的规定，股东会对拒不出资股东予以除名的，该股东对该表决事项不具有表决权。本案对于豪旭公司抽逃全部出资的行为，万禹公司已给予了合理期限的催告，并在召开股东会时通知豪旭公司的代表参加给予其申辩的权力。最后表决时豪旭公司对其是否被解除股东资格不具有表决权。万禹公司另两名股东以100%表决权同意并通过了解除豪旭公司股东资格的决议，该决议有效。豪旭公司股东资格被解除后，万禹公司应当及时办理法定减资程序或者由其他股东或第三人缴纳相应的出资。据此，二审判决：一是撤销原判；二是确认万禹公司于2014年3月25日作出的股东会决议有效。

【评析】

本案涉及公司法理论和实践中的股东除名制度和表决权排除规则的适用，而对这两个制度在我国现行公司法的规定中比较欠缺。

一、股东除名制度与表决权排除规则概述

（一）关于股东除名

所谓股东除名，是指公司基于特定的事由，依据法律规定的程序，将违反义务的股东从股东名册中去除，强制其退出公司，终止其与公司和其他股东的关系，使其丧失在公司的股东资格的法律制度。《公司法》没有明确规定股东除名制度，但《公司法司法解释三》第17条对未出资或抽逃全部出资的股东确立了有限公司可以通过股东会给予除名的制度。第17条有两款，第一款：“有限责任公司的股东未履行出资义务或者抽逃全部出资，经公司催告缴纳或者返还，其在合理期间内仍未缴纳或者返还出资，公司以股东会决议解除该股东的股东资格，该股东请求确认该解除行为无效的，人民法院不予支持。”第二款：“在前款规定的情形下，人民法院在判决时应当释明，公司应当及时办理法定减资程序或者由其他股东或者第三人缴纳相应的出资。”上述

规定总体上确认了现行股东资格解除规则。

（二）关于表决权排除

公司法中的表决权排除，又称表决权回避，是指当某一股东与股东（大）会讨论的决议事项有特别的利害关系时，该股东不得就其持有的股份行使表决权的制度。设立表决权排除规则的意义主要在于防止控股股东滥用资本多数决规则，损害公司利益和少数股东利益。例如控股股东利用资本多数决规则，通过股东会决定公司与控股股东或其控制的其他公司进行不平等的关联交易，从而向控股股东或其关联公司进行利益输送，使公司利益和少数股东利益受损。

公司法对表决权例外的规定也很有限：一是在第 16 条中规定，公司为公司股东或者实际控制人提供担保的，必须经股东（大）会决议，该股东或该受实际控制人控制的股东不得参加表决；二是在第 90 条中规定，股份有限公司的创立大会对公司筹办情况和创立的审核和决议，应由出席会议的认股人所持表决权过半数通过，这实际排除了发起人股东的表决权。

虽然公司法对股东表决权排除只作了很有限的规定，但并不表明法律法规未规定的情形就不能适用股东表决权排除。如果出现大股东滥用资本多数决规则通过或阻止通过与其有利害关系的股东会决议，侵害公司或小股东的利益，司法实践可以适用表决权排除规则。

二、未履行出资义务的股东被除名可适用表决权排除

对于因股东未履行出资义务而被公司股东会除名的决议，可以适用表决权排除，被除名股东对该股东会决议没有表决权，基于理由：

第一，如果对此情形不适用表决权排除将直接导致《公司法司法解释三》第 17 条规定的虚置。如果公司召开股东会欲对未出资股东作出除名决议，倘若允许未出资股东行使表决权，而该未出资股东又居于绝对控股地位，那么这个除名决议几乎永远不可能通过。这样一来，《公司法司法解释三》第 17 条的规定就会被完全虚置。司法解释规定本身的适用范围被大大限缩在只能

解除未出资小股东的股东资格领域，对未出资的控股股东无能为力，从而大大削弱了该法条的权威性和应有功能。

第二，未履行出资义务系违反股东基本义务，倘不适用表决权排除规则将使该规则的设计目的无法实现。虽然目前我国法律法规规定适用股东表决权例外的范围十分有限，但这一制度可以通过司法实践予以适度拓宽适用范围，只要符合公司法原理，不损害社会公共利益和他人合法权益即可。前文亦述，股东表决权例外规则最主要的功能是防止大股东滥用资本多数决损害公司和小股东利益，而按法律规定和章程约定履行出资义务是股东最基本的义务，只有在出资的基础上才有股东权、资本多数决等公司治理规则的讨论意义，“没有出资就没有权利”是规范股东与公司关系所遵循的公司法基本游戏规则（名义股东也以背后有实际出资人为基础）。如果大股东名义上占有控股地位，实际根本未出资却能绝对控制公司表决权，该情形本身就是对公司、小股东利益的极大损害，是对公司法基本游戏规则的破坏。对这种情形允许公司在形成股东除名决议时适用表决权排除，完全符合股东表决权排除规则的设计功能。

第三，未履行出资义务属于根本违约，违约方对于是否解除其股东资格无选择权。按照公司契约理论，有限公司是股东之间达成契约的成果。股东履行出资义务也是履行契约义务，如果股东长时间未履行出资义务，则对其他股东构成根本违约。在合同法中，一方根本违约是另一方解除合同的要件。在公司法中，股东根本违约一般不轻易解散公司，但守约股东可以将违约股东除名，所以，股东根本违约是其被除名的构成要件。而不论合同还是设立公司，因对方根本违约而享有的“解除权”仅在守约方手中，违约方没有选择是否解除（合同或股东资格）的权利。所以，基于公司契约和根本违约的理论，在因股东未出资而形成的股东除名决议中，只有守约股东有表决权，违约股东没有表决权，即便该违约股东是控股股东。

三、对表决权排除规则适用的程序制约

虽然对于未履行出资义务的股东，公司对其作出股东除名的股东会决议

时可排除该股东的表决权，但股东除名毕竟是对不履行义务股东最严厉的处罚，在司法适用时应当十分审慎。法院在适用《公司法司法解释三》第17条的规定认可排除利害股东表决权的股东除名决议效力时，应满足以下程序要件：

一是要先行催告出资并给予合理期间。当股东未履行出资义务或抽逃全部出资时，公司首先应催告该股东缴纳或返还出资，只有在经催告后在合理期限内该股东仍未缴纳或返还出资的，公司才可召开股东会审议股东除名事项。

二是要通知未出资股东参加股东会并允许其申辩。公司欲召开股东会审议股东除名事项的，应当通知该未出资股东参加。虽然未出资股东对于其是否除名没有表决权，但其有参加股东会议并就其未出资理由进行申辩的权利。公司不能以某股东对股东会审议的事项有利害关系而不具有表决权为由，不通知其参加该股东会议的审议过程。

三是判决时要释明股东除名后的后续义务。根据《公司法司法解释三》第17条的规定，当法院判决认可公司因股东未出资而对该股东作出除名的股东会决议效力时，应当释明，公司应当及时办理法定减资程序或者由其他股东或第三人认缴相应的出资。该释明可以在判决书中写明，也可以在审理中向公司及其他股东说明。因为我国《公司法》规定："有限责任公司的注册资本为在公司登记机关登记的全体股东认缴的出资额。"当未履行出资义务的股东被除名时，其认缴的出资额如果没有其他股东或第三人愿意认缴，则公司注册资本应相应减少，按规定应办理减资程序，以维护该公司对外部交易的安全。

最后需指出，我国《公司法》于2013年12月经修正，降低了设立有限公司的投资门槛，例如取消了法定最低注册资本制度，取消了股东货币出资最低限额的要求，设立公司时的出资额不一定非经过法定验资程序，等等。但是降低投资门槛不代表减轻股东不履行出资义务的责任，只是股东的出资义务更多地源于股东之间的意定，而非法定。当股东不履行约定的出资义务达到根本违约程度时，其他股东可追究该未出资股东比较严苛的法律责任，直至解除其股东资格。

董事、监事、经理损害公司利益赔偿案

原告北京国际艺苑有限公司与被告薛雯董事、监事、经理损害公司利益纠纷一案，法院于2006年11月1日立案受理。依法组成合议庭，适用普通程序公开开庭进行了审理。原告的委托代理人刘俊峰、被告的委托代理人尹建林、李大中均到庭参加了诉讼。本案现已审理终结。

原告诉称，2005年3月8日，被告作为我公司董事被聘任为我公司的总经理。2006年7月27日，我公司拟向交通银行股份有限公司北京分行（以下简称交行北京分行）申请4000万元贷款，以偿还于2006年8月3日到期的该行等额借款，该事宜已取得包括被告在内的全体董事一致同意，并形成了董事会会议。我公司制作了《不可撤销承诺函》，并签署了《借款合同》和《抵押合同》。但被告身为我公司总经理，拒不执行董事会决议，且私自藏匿上述文件致使我公司无法向银行申请贷款，导致银行因我公司逾期还款而加收罚息、强制扣收贷款、限制我公司对外支付款项。被告的行为，给我公司造成了巨额经济损失，故诉至法院要求被告赔偿给我公司造成的损失50.347905万元（含逾期贷款的罚息利率比约定利率上浮30%造成额外支付的利息24.151969万元、复利1.996927万元、交行北京分行起诉的诉讼费9.6036万元、给付北京正基宏业商贸有限公司违约金1.5万元及执行费0.1197万元、给付中国新兴建设开发总公司违约金8万元及执行费0.3311万元）。

被告辩称，根据公司法的规定，应由公司的董事会或股东提起诉讼，故原告的主体不合格。原告是合资公司，我是合资公司中方股东的法定代表人；2006年7月30日我根据中方股东的要求和公司法有关股东有权查阅、复制董事会决议的规定提取原告的续贷文件，故我调取原告的有关文件是职务行为，应由中方股东企业负责，故被告的主体也不合格。我是2006年7月30日上午从原告会计处调取的文件，当天下午就将该文件交给原告副董事长孙玉栋，文件在我手中不超过4个小时且在公休日内，当时距离提交文件2007年8月2日还有3天，不影响原告公司提交续贷手续。2007年7月31日，我被公司董事长停职，此后续贷的事项与我无关。另，我与原告劳动争议纠纷一案的判决中也认为原告申请银行贷款展期未能实现及被银行扣款、罚息之后果不是我的过错造成。故请求法院驳回原告的诉讼请求。

经审理查明，原告由北京艺苑美术服务中心（中方）与安业控股有限公司（港方）出资成立。原告合资经营企业章程约定：合资企业实行董事会领导下的总经理负责制，董事会是合资企业的最高权力机构；总经理直接对董事会负责，执行董事会的各项决定，组织领导合资企业的日常经营管理工作；董事会由7名董事组成，其中中方委派3名董事、港方委派4名董事，董事长由港方委派的董事担任，副董事长2名，分别由中方和港方委派，董事会聘任中方董事担任公司总经理；董事会会议由董事长召集并主持，出席董事会会议的法定人数为全体董事的2/3，不够2/3人数时，其通过的决议无效。2005年3月8日，原告形成董事会决议，聘任被告为董事兼任原告总经理。

2005年7月29日，交行北京分行与原告签订了借款合同。合同约定，交行北京分行向原告发放贷款4000万元人民币，贷款期限自2005年8月3日至2006年8月3日；年利率5.58%，逾期贷款的罚息利率按本合同约定利率上浮30%；原告未按时足额偿还贷款本金、支付利息，交行北京分行按逾期贷款的罚息利率计收利息，并对应付未付利息计收复利；原告有到期应付的贷款本金、利息、罚息、复利或其他费用时，授权交行北京分行扣划原告在交通银行开立的任一账户中的资金用于清偿。

2006年7月28日，原告的全体董事（包括被告）一致同意通过并形成董事会决议。致：交行北京分行，鉴于本公司在贵行的编号为02510346《借款合同》项下4000万元贷款将于2006年8月3日到期，因临时资金周转困难无法按期归还，本公司拟向贵行申请4000万元人民币贷款用于归还编号为

02510346《借款合同》项下所欠贵行贷款，贷款期限为一年；上述贷款以原告自有房产北京国际艺苑皇冠假日饭店为申请贷款提供抵押担保。

1. 向交行出具承诺函，内容概要：①国际艺苑公司不可撤销的承诺，更换董事会成员应提前7个工作日书面通知交行，更换高级管理人员须事先经过交行书面同意；②国际艺苑公司不可撤销的承诺，在还清交行所有贷款本息后，再偿还股东借款本息；③国际艺苑公司不可撤销的承诺，同意并授权交行对国际艺苑公司在交行开立的所有账户资金进行监控，公司予以积极配合；④国际艺苑公司不可撤销的承诺，国际艺苑公司代发工资、银行卡等银行相关业务均在交行营业部办理；⑤为落实还款来源，国际艺苑公司不可撤销的承诺，将北京国际艺苑皇冠假日饭店3%/年的维修基金在交行营业部开立专户存交，饭店所有日常结算业务均在交行营业部办理；⑥同意国际艺苑公司合资期限自合资期满之日起延长10年及与洲际酒店管理公司继续合作至合资期满，并承诺不因业主方原因更换饭店管理公司，如需要更换饭店管理公司，则承诺与同等级别的国际酒店管理公司签约；

2. 董事会授权公司法定代表人邓国强代表公司在《借款合同》《抵押合同》，以及其他相关法律文件上签字，由此产生的全部经济和法律责任由我公司承担。包括被告在内的原告公司的7名董事在该董事会决议上签字。之后原告的法定代表人邓国强代表公司在《借款合同》和《抵押合同》等法律文件上签字。同日，原告亦拟定了向交行北京分行出具的《不可撤销承诺函》，该函所承诺的内容与董事会决议上承诺的内容一致。2006年7月30日，被告认为董事会决议存在与原告中方股东利益冲突的问题，遂将上述董事会决议及《不可撤销承诺函》从公司财务处取出并交给了原告的副董事长孙玉栋。原告董事长邓国强于2006年7月31日发现上述情况后，即下发紧急通知，暂停了被告总经理职务及其所有权力。当日，针对邓国强下发的紧急通知，3名中方董事（薛雯、孙玉栋、陈鹤彪）共同向邓国强致函，主要内容为：邓国强的这一决定违反公司章程和法律规定，不具有法律约束力；薛雯作为总经理继续履行总经理职权，中方全力支持总经理的工作。2006年8月4日，原告收到交行北京分行的催收通知书及扣划通知，扣划通知载明，交行北京分行从原告的4个账户内扣划了贷款本金163.0775万元；截止到2006年8月3日，尚欠贷款本金3836.9225万元及利息27.28万元。同日，邓国强发出召开紧急董事会通知，内容为：致董事会全体成员，鉴于薛雯女士没有按照合资公司董事会7月28日董事会指示，如期于7月31日早上将所有已签署好的决议及有关文件送达交行北京分行，而导致交行已正式通知国际艺苑有限公司该4000万元贷款已成为不良贷款，并已开始依照合同及有关法律法规追讨公司，建议于2006年8月8日（星期二）下午2：30在国际艺苑皇冠假日饭店8层会议室召开紧急董事会，会议内容如下：①命令薛雯女士立即交出擅自扣押的7月28日经董事会全体成员已签署过的董事会决议及不可撤销承诺函等相关文件正本，基于上述文件属有限公司产物；②命令薛雯女士向董事会提交书面报告，对其违规行为做出必要的解释。8月7日，中方3名董事共同给邓国强并安业控股有限公司回函，部分内容为：8月4日邓国强董事长签署的召开紧急董事会通知，已经收悉。合资公司的重要经营文件在薛雯总经理的保管之下，正是其职责所在，在未经合资公司董事会合法程序解聘薛雯总经理职务情况下，合资公司董事会商议命令薛雯总经理交出经营文件，不仅是完全不符合合资公司的章程规定，同时也是对薛雯总经理履行职务的非法干涉，如此作为，我们不能参与。同日，原告再次收到交行北京分行发出的扣划通知，扣划金额11.668万元。8月8日，邓国强召集的紧急董事会未能如期召开。2006年11月7日交行北京分行向原告出具一份告知函，告知原告02510346号借款合同已发生逾期，再次要求原告务必即刻出具合法合规的用于办理逾期贷款转期的董事会决议，并着手办理贷款转期手续，请原告于2006年11月14日以前函告银行进展情况；在此期间，我行将加大扣收力度，进一步限制贵公司账户资金支出；如期满仍未取得实质性进展，交行北京分行将冻结原告名下所有账户并扣收账户中全部资金。后因原告未向交行北京分行出具用于办理逾期贷款转期的董事会决议，亦未按时还款，导致交行北京分行提起诉讼，北京市第一中级人民法院（2007）一中民初字第3294号判决书认定，交行北京分行共从原告账户中扣划贷款本金3348.2297万元，原告已偿还了2006年9月20日前的利息，故判决原告偿还交行北京分行借款本金

651.7703万元及复利、罚息（自2006年9月21日起至实际付清之日止，按合同约定的罚息标准计算复利及罚息），案件受理费9.6036万元由原告承担。2007年5月31日，原告将4000万元贷款全部还清，实际支付利息124.785172万元，复利1.996927万元。2006年4月28日，中国人民银行将贷款利率将年利率5.58%上调至年利率5.85%。

另查，北京正基宏业商贸有限公司（正基宏业公司）曾向我院起诉要求原告给付欠款，正基宏业公司诉称，2006年1月6日其与原告签订付款协议书，原告承诺2006年7月30日前付清欠款，并承诺如未按期付款，按1‰支付违约金，后我院出具调解书，内容为原告于2006年11月10日前给付欠款21.94076万元并支付违约金2万元。为此案，原告支付执行费0.1197万元。

再查，中国新兴建设开发总公司（新兴公司）曾向我院起诉要求原告给付欠款，新兴公司诉称，2006年11月13日其与原告审定结算金额，原告给付新兴公司部分工程款后，尚欠新兴公司工程款123.012738万元，故起诉要求原告给付工程款并支付违约金。2007年1月30日，我院出具调解书，内容为原告于2007年2月1日前给付工程款123.012738万元并支付违约金8万元。为此案，原告支付执行费0.3311万元。

上述事实，有原告提供公司章程修改协议书、董事会决议、合资经营企业章程、借款合同、抵押合同、（2007）一中民初字第3294号判决书、告知函、紧急召开董事会通知、中方三名股东回函、交行北京分行扣款单据、调解书、执行款单据、中国人民银行金融机构人民币贷款基准利率表，被告提供的紧急通知、往来函件及原、被告当庭陈述在案佐证。

本院认为，根据相关法律规定，公司的高级管理人员应当遵守法律、行政法规和公司章程，对公司负有忠实义务和勤勉义务；公司高级管理人员执行职务时违反法律、行政法规或者公司章程的规定，给公司造成损失的应当承担赔偿责任。本案被告作为原告的总经理，应按公司章程的规定，组织领导原告的日常经营管理工作，直接对董事会负责，执行董事会的各项决定。2006年7月28日原告董事会做出决议、原告给交行北京分行出具不可撤销担保函后，被告未按董事会的指示，将董事会决议及其他文件送交交行北京分行，致使未能与交行北京分行重新办理贷款事宜。原告董事长得知被告的不作为情况后，曾发送召开紧急董事会的通知，但包括被告在内的三名中方董事共同致函邓国强，表示不能参与。因公司章程规定，董事会由7名董事组成，出席董事会会议的法定人数为全体董事的2/3，不够2/3人数时，其通过的决议无效。中方3名董事均不出席董事会时，原告无法通过命令被告交出董事会决议或重新形成新的董事会决议的途径，达到与交行北京分行签订新贷款合同以偿还已到期贷款的目的。被告虽称其将文件拿出后即交给了副董事长孙玉栋，但2006年8月7日，中方3名董事共同给邓国强的回函中已明确表示合资公司的重要经营文件在薛雯总经理的保管之下，正是其职责所在。因被告未执行董事会决议，原告又无其他救济途径，致使交行北京分行对原告逾期还款加收罚息和复利，并通过诉讼向原告主张权利，由此给原告造成的支付复利及支付诉讼费等经济损失，被告应承担赔偿责任。因2006年4月28日中国人民银行上调了一年期的贷款利率，原告与交行北京分行重新签订贷款合同时，亦应按中国人民银行的规定约定贷款利率，故2006年8月4日至2007年5月31日原告应支付的利息应按上调的利率支付，超出的部分构成未能重新签订贷款合同而造成的经济损失，对此被告亦应承担赔偿责任。

关于原告要求被告赔偿因交行北京分行限制资金支出及冻结账户、无法向其他单位支付欠款而引起诉讼，由此造成的违约金、执行费等损失的诉讼请求，因欠正基宏业公司的款项原告曾承诺2006年7月30日前付清欠款，并承诺如未按期付款，支付违约金，在2006年7月30日前，原告的贷款期限并未到期，账户亦未被冻结，原告可以支付欠款，故由于原告自身原因未支付欠款以致引起诉讼及支付违约金，原告应自负其责；该案在调解书确定的给付期限届满时，因账户被交行北京分行限制资金支出及冻结账户，原告无法自动履行，由此造成的负担执行费的损失，被告应承担赔偿责任。对于原告拖欠新兴公司的工程款而引起的诉讼，因原告与新兴公司于2006年11月13日审定结算金额，此间原告的账户被交行北京分行限制资金支出及冻结账户，由此造成了支付违约金及执行费的损失，被告亦应承担赔偿责任。

对于被告称其从会计处调取文件后交予了副董事长、文件在其手中不超过4小时、距提交文件的时间还有3天、不影响原告公司提交续贷手续及2007年7月31日我停职，此后续贷的事项与我无关及生效判决已确认原告的损失与我无关的答辩意见，本院认为，被告作为原告的总经理，应按公司法及公司章程的规定履行自己对公司的义务。被告不但不执行董事会决议，而且还将董事会决议等重要文件取出交予他人，以致给原告造成经济损失，对此被告亦应承担赔偿责任。法院的生效判决虽认为被告的行为与原告的损失间不存在因果关系，但因此认定是劳动争议纠纷对此事实的认定，并不影响本案经过庭审质证后对侵权行为与损害后果之因果关系的认定，故对被告的上述答辩意见，本院不予采信。

对于被告认为的原告主体不合格、被告的主体亦不合格的答辩意见，本院认为，《中华人民共和国公司法》第一百五十一条规定的是股东派生诉讼条款，是当公司受到侵害时，公司不提起诉讼的救济方式，本案公司已自行提起诉讼，主张权利，不需采取派生诉讼的救济方式维护公司权益，故原告具有诉讼主体资格。被告虽是原告中方股东的法定代表人，但被告也是原告董事会聘用的总经理，被告不执行原告董事会的决议，是不履行原告总经理的义务，而不是在行使原告中方股东法定代表人的职权，故被告认为应由原告中方股东承担被告不执行原告董事会的决议所引起的法律后果的答辩意见，本院不予采信。综上所述，依照《中华人民共和国公司法》第一百八十四条第一款、第一百五十条的规定，判决如下：

一、被告薛雯于本判决生效后十日内赔偿原告北京国际艺苑有限公司罚息损失二十四万一千五百一十九元六角九分、复利损失一万九千九百六十九元二角七分；

二、被告薛雯于本判决生效后十日内赔偿原告北京国际艺苑有限公司其他经济损失十八万零五百四十四元。

如果未按本判决指定的期间履行给付金钱义务，应当依照《中华人民共和国民事诉讼法》第二百三十二条之规定，加倍支付迟延履行期间的债务利息。

案件受理费一万零四十五元，由原告北京国际艺苑有限公司负担二千零四十五元（已交纳）、被告薛雯负担八千元（于本判决生效后七日内交纳）。

附录二

国家政策文件

中共中央、国务院：关于深化国有企业改革的指导意见

国有企业属于全民所有，是推进国家现代化、保障人民共同利益的重要力量，是我们党和国家事业发展的重要物质基础和政治基础。改革开放以来，国有企业改革发展不断取得重大进展，总体上已经同市场经济相融合，运行质量和效益明显提升，在国际国内市场竞争中涌现出一批具有核心竞争力的骨干企业，为推动经济社会发展、保障和改善民生、开拓国际市场、增强我国综合实力作出了重大贡献，国有企业经营管理者队伍总体上是好的，广大职工付出了不懈努力，成就是突出的。但也要看到，国有企业仍然存在一些亟待解决的突出矛盾和问题，一些企业市场主体地位尚未真正确立，现代企业制度还不健全，国有资产监管体制有待完善，国有资本运行效率需进一步提高；一些企业管理混乱，内部人控制、利益输送、国有资产流失等问题突出，企业办社会职能和历史遗留问题还未完全解决；一些企业党组织管党治党责任不落实、作用被弱化。面向未来，国有企业面临日益激烈的国际竞争和转型升级的巨大挑战。在推动我国经济保持中高速增长和迈向中高端水平、完善和发展中国特色社会主义制度、实现中华民族伟大复兴中国梦的进程中，国有企业肩负着重大历史使命和责任。要认真贯彻落实党中央、国务院战略决策，按照“四个全面”战略布局的要求，以经济建设为中心，坚持问题导向，继续推进国有企业改革，切实破除体制机制障碍，坚定不移做强做优做大国有企业。为此，提出以下意见。

一、总体要求

（一）指导思想

高举中国特色社会主义伟大旗帜，认真贯彻落实党的十八大和十八届三中、四中全会精神，深入学习贯彻习近平总书记系列重要讲话精神，坚持和完善基本经济制度，坚持社会主义市场经济改革方向，适应市场化、现代化、国际化新形势，以解放和发展社会生产力为标准，以提高国有资本效率、增强国有企业活力为中心，完善产权清晰、权责明确、政企分开、管理科学的现代企业制度，完善国有资产监管体制，防止国有资产流失，全面推进依法治企，加强和改进党对国有企业的领导，做强做优做大国有企业，不断增强国有经济活力、控制力、影响力、抗风险能力，主动适应和引领经济发展新常态，为促进经济社会持续健康发展、实现中华民族伟大复兴中国梦作出积极贡献。

（二）基本原则

——坚持和完善基本经济制度。这是深化国有企业改革必须把握的根本要求。必须毫不动摇巩固和发展公有制经济，毫不动摇鼓励、支持、引导非公有制经济发展。坚持公有制主体地位，发挥国有经济主导作用，积极促进国有资本、集体资本、非公有资本等交叉持股、相互融合，推动各种所有制资本取长补短、相互促进、共同发展。

——坚持社会主义市场经济改革方向。这是深化国有企业改革必须遵循的基本规律。国有企业改革要遵循市场经济规律和企业发展规律，坚持政企分开、政资分开、所有权与经营权分离，坚持权利、义务、责任相统一，坚持激励机制和约束机制相结合，促使国有企业真正成为依法自主经营、自负盈亏、自担风险、自我约束、自我发展的独立市场主体。社会主义市场经济条件下的国有企业，要成为自觉履行社会责任的表率。

——坚持增强活力和强化监管相结合。这是深化国有企业改革必须把握的重要关系。增强活力是搞好国有企业的本质要求，加强监管是搞好国有企业的重要保障，要切实做到两者的有机统一。继续推进简政放权，依法落实企业法人财产权和经营自主权，进一步激发企业活力、创造力和市场竞争力。进一步完善国有企业监管制度，切实防止国有资产流失，确保国有资产保值增值。

——坚持党对国有企业的领导。这是深化国有企业改革必须坚守的政治方向、政治原则。要贯彻全面从严治党方针，充分发挥企业党组织政治核心作用，加强企业领导班子建设，创新基层党建工作，深入开展党风廉政建设，坚持全心全意依靠工人阶级，维护职工合法权益，为国有企业改革发展提供坚强有力的政治保证、组织保证和人才支撑。

——坚持积极稳妥统筹推进。这是深化国有企业改革必须采用的科学方法。要正确处理推进改革和坚持法治的关系，正确处理改革发展稳定关系，正确处理搞好顶层设计和尊重基层首创精神的关系，突出问题导向，坚持分类推进，把握好改革的次序、节奏、力度，确保改革扎实推进、务求实效。

（三）主要目标

到2020年，在国有企业改革重要领域和关键环节取得决定性成果，形成更加符合我国基本经济制度和社会主义市场经济发展要求的国有资产管理体制、现代企业制度、市场化经营机制，国有资本布局结构更趋合理，造就一大批德才兼备、善于经营、充满活力的优秀企业家，培育一大批具有创新能力和国际竞争力的国有骨干企业，国有经济活力、控制力、影响力、抗风险能力明显增强。

——国有企业公司制改革基本完成，发展混合所有制经济取得积极进展，法人治理结构更加健全，优胜劣汰、经营自主灵活、内部管理人员能上能下、员工能进能出、收入能增能减的市场化机制更加完善。

——国有资产监管制度更加成熟，相关法律法规更加健全，监管手段和方式不断优化，监管的科学性、针对性、有效性进一步提高，经营性国有资产实现集中统一监管，国有资产保值增值责任全面落实。

——国有资本配置效率显著提高，国有经济布局结构不断优化、主导作用有效发挥，国有企业在提升自主创新能力、保护资源环境、加快转型升级、履行社会责任中的引领和表率作用充分发挥。

——企业党的建设全面加强，反腐倡廉制度体系、工作体系更加完善，国有企业党组织在公司治理中的法定地位更加巩固，政治核心作用充分发挥。

二、分类推进国有企业改革

（四）划分国有企业不同类别

根据国有资本的战略定位和发展目标，结合不同国有企业在经济社会发展中的作用、现状和发展需要，将国有企业分为商业类和公益类。通过界定功能、划分类别，实行分类改革、分类发展、分类监管、分类定责、分类考核，提高改革的针对性、监管的有效性、考核评价的科学性，推动国有企业同市场经济深入融合，促进国有企业经济效益和社会效益有机统一。按照谁出资谁分类的原则，由履行出资人职责的机构负责制定所出资企业的功能界定和分类方案，报本级政府批准。各地区可结合实际，划分并动态调整本地区国有企业功能类别。

（五）推进商业类国有企业改革

商业类国有企业按照市场化要求实行商业化运作，以增强国有经济活力、放大国有资本功能、实现国有资产保值增值为主要目标，依法独立自主开展生产经营活动，实现优胜劣汰、有序进退。

主业处于充分竞争行业和领域的商业类国有企业，原则上都要实行公司制股份制改革，积极引入其他国有资本或各类非国有资本实现股权多元化，国有资本可以绝对控股、相对控股，也可以参股，并着力推进整体上市。对这些国有企业，重点考核经营业绩指标、国有资产保值增值和市场竞争能力。

主业处于关系国家安全、国民经济命脉的重要行业和关键领域、主要承担重大专项任务的商业类国有企业，要保持国有资本控股地位，支持非国有资本参股。对自然垄断行业，实行以政企分开、政资分开、特许经营、政府监管为主要内容的改革，根据不同行业特点实行网运分开、放开竞争性业务，促进公共资源配置市场化；对需要实行国有全资的企业，也要积极引入其他国有资本实行股权多元化；对特殊业务和竞争性业务实行业务板块有效分离，独立运作、独立核算。对这些国有企业，在考核经营业绩指标和国有资产保值增值情况的同时，加强对服务国家战略、保障国家安全和国民经济运行、发展前瞻性战略性产业以及完成特殊任务的考核。

（六）推进公益类国有企业改革

公益类国有企业以保障民生、服务社会、提供公共产品和服务为主要目标，引入市场机制，提高公共服务效率和能力。这类企业可以采取国有独资形式，具备条件的也可以推行投资主体多元化，还可以通过购买服务、特许经营、委托代理等方式，鼓励非国有企业参与经营。对公益类国有企业，重点考核成本控制、产品服务质量、营运效率和保障能力，根据企业不同特点有区别地考核经营业绩指标和国有资产保值增值情况，考核中要引入社会评价。

三、完善现代企业制度

（七）推进公司制股份制改革

加大集团层面公司制改革力度，积极引入各类投资者实现股权多元化，大力推动国有企业改制上市，创造条件实现集团公司整体上市。根据不同企业的功能定位，逐步调整国有股权比例，形成股权结构多元、股东行为规范、内部约束有效、运行高效灵活的经营机制。允许将部分国有资本转化为优先股，在少数特定领域探索建立国家特殊管理股制度。

（八）健全公司法人治理结构

重点是推进董事会建设，建立健全权责对等、运转协调、有效制衡的决策执行监督机制，规范董事长、总经理行权行为，充分发挥董事会的决策作用、监事会的监督作用、经理层的经营管理作用、党组织的政治核心作用，切实解决一些企业董事会形同虚设、“一把手”说了算的问题，实现规范的公司治理。要切实落实和维护董事会依法行使重大决策、选人用人、薪酬分配等权利，保障经理层经营自主权，法无授权任何政府部门和机构不得干预。加强董事会内部的制衡约束，国有独资、全资公司的董事会和监事会均应有职工代表，董事会外部董事应占多数，落实一人一票表决制度，董事对董事会决议承担责任。改进董事会和董事评价办法，强化对董事的考核评价和管理，对重大决策失误负有直接责任的要及时调整或解聘，并依法追究责任。进一步加强外部董事队伍建设，拓宽来源渠道。

（九）建立国有企业领导人员分类分层管理制度

坚持党管干部原则与董事会依法产生、董事会依法选择经营管理者、经营管理者依法行使用人权相结合，不断创新有效实现形式。上级党组织和国有资产监管机构按照管理权限加强对国有企业领导人员的管理，广开推荐渠道，依规考察提名，严格履行选用程序。根据不同企业类别和层级，实行选任制、委任制、聘任制等不同选人用人方式。推行职业经理人制度，实行内部培养和外部引进相结合，畅通现有经营管理者与职业经理人身份转换通道，董事会按市场化方式选聘和管理职业经理人，合理增加市场化选聘比例，加快建立退出机制。推行企业经理层成员任期制和契约化管理，明确责任、权利、义务，严格任期管理和目标考核。

（十）实行与社会主义市场经济相适应的企业薪酬分配制度

企业内部的薪酬分配权是企业的法定权利，由企业依法依规自主决定，完善既有激励又有约束、既讲效率又讲公平、既符合企业一般规律又体现国有企业特点的分配机制。建立健全与劳动力市场基本适应、与企业经济效益和劳动生产率挂钩的工资决定和正常增长机制。推进全员绩效考核，以业绩为导向，科学评价不同岗位员工的贡献，合理拉开收入分配差距，切实做到收入能增能减和奖惩分明，充分调动广大职工积极性。对国有企业领导人员实行与选任方式相匹配、与企业功能性质相适应、与经营业绩相挂钩的差异化薪酬分配办法。对党中央、国务院和地方党委、政府及其部门任命的国有企业领导人员，合理确定基本年薪、绩效年薪和任期激励收入。对市场化选聘的职业经理人实行市场化薪酬分配机制，可以采取多种方式探索完善中长期激励机制。健全与激励机制相对称的经济责任审计、信息披露、延期支付、追索扣回等约束机制。严格规范履职待遇、业务支出，严禁将公款用于个人支出。

（十一）深化企业内部用人制度改革

建立健全企业各类管理人员公开招聘、竞争上岗等制度，对特殊管理人员可以通过委托人才中介机构推荐等方式，拓宽选人用人视野和渠道。建立分级分类的企业员工市场化公开招聘制度，切实做到信息公开、过程公开、结果公开。构建和谐劳动关系，依法规范企业各类用工管理，建立健全以合同管理为核心、以岗位管理为基础的市场化用工制度，真正形成企业各类管理人员能上能下、员工能进能出的合理流动机制。

四、完善国有资产管理体制

（十二）以管资本为主推进国有资产监管机构职能转变

国有资产监管机构要准确把握依法履行出资人职责的定位，科学界定国有资产出资人监管的边界，建立监管权力清单和责任清单，实现以管企业为主向以管资本为主的转变。该管的要科学管理、决不缺位，重点管好国有资本布局、规范资本运作、提高资本回报、维护资本安全；不该管的要依法放权、决不越位，将依法应由企业自主经营决策的事项归位于企业，将延伸到子企业的管理事项原则上归位于一级企业，将配合承担的公共管理职能归位于相关政府部门和单位。大力推进依法监管，着力创新监管方式和手段，改变行政化管理方式，改进考核体系和办法，提高监管的科学性、有效性。

（十三）以管资本为主改革国有资本授权经营体制

改组组建国有资本投资、运营公司，探索有效的运营模式，通过开展投资融资、产业培育、资本整合，推动产业集聚和转型升级，优化国有资本布局结构；通过股权运作、价值管理、有序进退，促进国有资本合理流动，实现保值增值。科学界定国有资本所有权和经营权的边界，国有资产监管机构依法对国有资本投资、运营公司和其他直接监管的企业履行出资人职责，并授权国有资本投资、运营公司对授权范围内的国有资本履行出资人职责。国有资本投资、运营公司作为国有资本市场化运作的专业平台，依法自主开展国有资本运作，对所出资企业行使股东职责，按照责权对应原则切实承担起国有资产保值增值责任。开展政府直接授权国有资本投资、运营公司履行出资人职责的试点。

（十四）以管资本为主推动国有资本合理流动优化配置

坚持以市场为导向、以企业为主体，有进有退、有所为有所不为，优化国有资本布局结构，增强国有经济整体功能和效率。紧紧围绕服务国家战略，落实国家产业政策和重点产业布局调整总体要求，优化国有资本重点投资方向和领域，推动国有资本向关系国家安全、国民经济命脉和国计民生的重要行业和关键领域、重点基础设施集中，向前瞻性战略性产业集中，向具有核心竞争力的优势企业集中。发挥国有资本投资、运营公司的作用，清理退出一批、重组整合一批、创新发展一批国有企业。建立健全优胜劣汰市场化退出机制，充分发挥失业救济和再就业培训等的作用，解决好职工安置问题，切实保障退出企业依法实现关闭或破产，加快处置低效无效资产，淘汰落后产能。支持企业依法合规通过证券交易、产权交易等资本市场，以市场公允价格处置企业资产，实现国有资本形态转换，变现的国有资本用于更需要的领域和行业。推动国有企业加快管理创新、商业模式创新，合理限定法人层级，有效压缩管理层级。发挥国有企业在实施创新驱动发展战略和制造强国战略中的骨干和表率作用，强化企业在技术创新中的主体地位，重视培养科研人才和高技能人才。支持国有企业开展国际化经营，鼓励国有企业之间以及与其他所有制企业以资本为纽带，强强联合、优势互补，加快培育一批具有世界一流水平的跨国公司。

（十五）以管资本为主推进经营性国有资产集中统一监管

稳步将党政机关、事业单位所属企业的国有资本纳入经营性国有资产集中统一监管体系，具备条件的进入国有资本投资、运营公司。加强国有资产基础管理，按照统一制度规范、统一工作体系的原则，抓紧制定企业国有资产基础管理条例。建立覆盖全部国有企业、分级管理的国有资本经营预算管理制度，提高国有资本收益上缴公共财政比例，2020 年提高到 30%，更多用于保障和改善民生。划转部分国有资本充实社会保障基金。

五、发展混合所有制经济

（十六）推进国有企业混合所有制改革

以促进国有企业转换经营机制，放大国有资本功能，提高国有资本配置和运行效率，实现各种所有制资本取长补短、相互促进、共同发展为目标，稳妥推动国有企业发展混合所有制经济。对通过实行股份制、上市等途径已经实行混合所有制的国有企业，要着力在完善现代企业制度、提高资本运行效率上下功夫；对于适宜继续推进混合所有制改革的国有企业，要充分发挥市场机制作用，坚持因地施策、因业施策、因企施策，宜独则独、宜控则控、宜参则参，不搞拉郎配，不搞全覆盖，不设时间表，成熟一个推进一个。改革要依法依规、严格程序、公开公正，切实保护混合所有制企业各类出资人的产权权益，杜绝国有资产流失。

（十七）引入非国有资本参与国有企业改革

鼓励非国有资本投资主体通过出资入股、收购股权、认购可转债、股权置换等多种方式，参与国有企业改制重组或国有控股上市公司增资扩股以及企业经营管理。实行同股同权，切实维护各类股东合法权益。在石油、天然气、电力、铁路、电信、资源开发、公用事业等领域，向非国有资本推出符合产业政策、有利于转型升级的项目。依照外商投资产业指导目录和相关安全审查规定，完善外资安全审查工作机制。开展多类型政府和社会资本合作试点，逐步推广政府和社会资本合作模式。

（十八）鼓励国有资本以多种方式入股非国有企业

充分发挥国有资本投资、运营公司的资本运作平台作用，通过市场化方式，以公共服务、高新技术、生态环保、战略性产业为重点领域，对发展潜力大、成长性强的非国有企业进行股权投资。鼓励国有企业通过投资入股、联合投资、重组等多种方式，与非国有企业进行股权融合、战略合作、资源整合。

（十九）探索实行混合所有制企业员工持股

坚持试点先行，在取得经验基础上稳妥有序推进，通过实行员工持股建立激励约束长效机制。优先支持人才资本和技术要素贡献占比较高的转制科研院所、高新技术企业、科技服务型企业开展员工持股试点，支持对企业经营业绩和持续发展有直接或较大影响的科研人员、经营管理人员和业务骨干等持股。员工持股主要采取增资扩股、出资新设等方式。完善相关政策，健全审核程序，规范操作流程，严格资产评估，建立健全股权流转和退出机制，确保员工持股公开透明，严禁暗箱操作，防止利益输送。

六、强化监督防止国有资产流失

（二十）强化企业内部监督

完善企业内部监督体系，明确监事会、审计、纪检监察、巡视以及法律、财务等部门的监督职责，完善监督制度，增强制度执行力。强化对权力集中、资金密集、资源富集、资产聚集的部门和岗位的监督，实行分事行权、分岗设权、分级授权，定期轮岗，强化内部流程控制，防止权力滥用。建立审计部门向董事会负责的工作机制。落实企业内部监事会对董事、经理和其他高级管理人员的监督。进一步发挥企业总法律顾问在经营管理中的法律审核把关作用，推进企业依法经营、合规管理。集团公司要依法依规、尽职尽责加强对子企业的管理和监督。大力推进厂务公开，健全以职工代表大会为基本形式的企业民主管理制度，加强企业职工民主监督。

（二十一）建立健全高效协同的外部监督机制

强化出资人监督，加快国有企业行为规范法律法规制度建设，加强对企业关键业务、改革重点领域、国有资本运营重要环节以及境外国有资产的监督，规范操作流程，强化专业检查，开展总会计师由履行出资人职责机构委派的试点。加强和改进外派监事会制度，明确职责定位，强化与有关专业监督机构的协作，加强当期和事中监督，强化监督成果运用，建立健全核查、移交和整改机制。健全国有资本审计监督体系和制度，实行企业国有资产审计监督全覆盖，建立对企业国有资本的经常性审计制度。加强纪检监察监督和巡视工作，强化对企业领导人员廉洁从业、行使权力等的监督，加大大案要案查处力度，狠抓对存在问题的整改落实。整合出资人监管、外派监事会监督和审计、纪检监察、巡视等监督力量，建立监督工作会商机制，加强统筹，创新方式，共享资源，减少重复检查，提高监督效能。建立健全监督意见反馈整改机制，形成监督工作的闭环。

（二十二）实施信息公开加强社会监督

完善国有资产和国有企业信息公开制度，设立统一的信息公开网络平台，依法依规、及时准确披露国有资本整体运营和监管、国有企业公司治理以及管理架构、经营情况、财务状况、关联交易、企业负责人薪酬等信息，建设阳光国企。认真处理人民群众关于国有资产流失等问题的来信、来访和检举，及时回应社会关切。充分发挥媒体舆论监督作用，有效保障社会公众对企业国有资产运营的知情权和监督权。

（二十三）严格责任追究

建立健全国有企业重大决策失误和失职、渎职责任追究倒查机制，建立和完善重大决策评估、决策事项履职记录、决策过错认定标准等配套制度，严厉查处侵吞、贪污、输送、挥霍国有资产和逃废金融债务的行为。建立健全企业国有资产的监督问责机制，对企业重大违法违纪问题敷衍不追、隐匿不报、查处不力的，严格追究有关人员失职渎职责任，视不同情形给予纪律处分或行政处分，构成犯罪的，由司法机关依法追究刑事责任。

七、加强和改进党对国有企业的领导

（二十四）充分发挥国有企业党组织政治核心作用

把加强党的领导和完善公司治理统一起来，将党建工作总体要求纳入国有企业章程，明确国有企业党组织在公司法人治理结构中的法定地位，创新国有企业党组织发挥政治核心作用的途径和方式。在国有企业改革中坚持党的建设同步谋划、党的组织及工作机构同步设置、党组织负责人及党务工作人员同步配备、党的工作同步开展，保证党组织工作机构健全、党务工作者队伍稳定、党组织和党员作用得到有效发挥。坚持和完善双向进入、交叉任职的领导体制，符合条件的党组织领导班子成员可以通过法定程序进入董事会、监事会、经理层，董事会、监事会、经理层成员中符合条件的党员可以依照有关规定和程序进入党组织领导班子；经理层成员与党组织领导班子成员适度交叉任职；董事长、总经理原则上分设，党组织书记、董事长一般由一人担任。

国有企业党组织要切实承担好、落实好从严管党治党责任。坚持从严治党、思想建党、制度治党，增强管党治党意识，建立健全党建工作责任制，聚精会神抓好党建工作，做到守土有责、守土负责、守土尽责。党组织书记要切实履行党建工作第一责任人职责，党组织班子其他成员要切实履行“一岗双责”，结合业务分工抓好党建工作。中央企业党组织书记同时担任企业其他主要领导职务的，应当设立 1 名专职抓企业党建工作的副书记。加强国有企业基层党组织建设和党员队伍建设，强化国有企业基层党建工作的基础保障，充分发挥基层党组织战斗堡垒作用、共产党员先锋模范作用。加强企业党组织对群众工作的领导，发挥好工会、共青团等群团组织的作用，深入细致做好职工群众的思想政治工作。把建立党的组织、开展党的工作，作为国有企业推进混合所有制改革的必要前提，根据不同类型混合所有制企业特点，科学确定党组织的设置方式、职责定位、管理模式。

（二十五）进一步加强国有企业领导班子建设和人才队伍建设

根据企业改革发展需要，明确选人用人标准和程序，创新选人用人方式。强化党组织在企业领导人员选拔任用、培养教育、管理监督中的责任，支持董事会依法选择经营管理者、经营管理者依法行使用人权，坚决防止和整治选人用人中的不正之风。加强对国有企业领导人员尤其是主要领导人员的日常监督管理和综合考核评价，及时调整不胜任、不称职的领导人员，切实解决企业领导人员能上不能下的问题。以强化忠诚意识、拓展世界眼光、提高战略思维、增强创新精神、锻造优秀品行为重点，加强企业家队伍建设，充分发挥企业家作用。大力实施人才强企战略，加快建立健全国有企业集聚人才的体制机制。

（二十六）切实落实国有企业反腐倡廉“两个责任”

国有企业党组织要切实履行好主体责任，纪检机构要履行好监督责任。加强党性教育、法治教育、警示教育，引导国有企业领导人员坚定理想信念，自觉践行“三严三实”要求，正确履职行权。建立切实可行的责任追究制度，与企业考核等挂钩，实行“一案双查”。推动国有企业纪律检查工作双重领导体制具体化、程序化、制度化，强化上级纪委对下级纪委的领导。加强和改进国有企业巡视工作，强化对权力运行的监督和制约。坚持运用法治思维和法治方式反腐败，完善反腐倡廉制度体系，严格落实反“四风”规定，努力构筑企业领导人员不敢腐、不能腐、不想腐的有效机制。

八、为国有企业改革创造良好环境条件

（二十七）完善相关法律法规和配套政策

加强国有企业相关法律法规立改废释工作，确保重大改革于法有据。切

实转变政府职能，减少审批、优化制度、简化手续、提高效率。完善公共服务体系，推进政府购买服务，加快建立稳定可靠、补偿合理、公开透明的企业公共服务支出补偿机制。完善和落实国有企业重组整合涉及的资产评估增值、土地变更登记和国有资产无偿划转等方面税收优惠政策。完善国有企业退出的相关政策，依法妥善处理劳动关系调整、社会保险关系接续等问题。

（二十八）加快剥离企业办社会职能和解决历史遗留问题

完善相关政策，建立政府和国有企业合理分担成本的机制，多渠道筹措资金，采取分离移交、重组改制、关闭撤销等方式，剥离国有企业职工家属区“三供一业”和所办医院、学校、社区等公共服务机构，继续推进厂办大集体改革，对国有企业退休人员实施社会化管理，妥善解决国有企业历史遗留问题，为国有企业公平参与市场竞争创造条件。

（二十九）形成鼓励改革创新的氛围

坚持解放思想、实事求是，鼓励探索、实践、创新。全面准确评价国有企业，大力宣传中央关于全面深化国有企业改革的方针政策，宣传改革的典型案例和经验，营造有利于国有企业改革的良好舆论环境。

（三十）加强对国有企业改革的组织领导

各级党委和政府要统一思想，以高度的政治责任感和历史使命感，切实履行对深化国有企业改革的领导责任。要根据本指导意见，结合实际制定实施意见，加强统筹协调、明确责任分工、细化目标任务、强化督促落实，确保深化国有企业改革顺利推进，取得实效。金融、文化等国有企业的改革，中央另有规定的依其规定执行。

国资委：关于全面推进法治央企建设的意见

党的十八届三中、四中全会作出全面深化改革和全面推进依法治国的重大战略部署。习近平总书记强调，要把全面依法治国放在“四个全面”战略布局中来把握。中央企业是我国国民经济的重要支柱，是落实全面依法治国战略的重要主体，应当在建设社会主义法治国家中发挥重要作用。近年来，中央企业深入推进法治建设，依法经营管理水平不断提升，依法治企能力明显增强，为改革发展提供了重要的支撑保障。但与此同时，中央企业法治工作与全面依法治国的要求相比还有不小差距。新形势下，全面建设法治央企，是贯彻落实全面依法治国战略的重要内容，是进一步深化国企改革的必然要求，也是提升企业核心竞争力，做强做优做大中央企业的迫切需要。为此，现就全面推进法治央企建设提出以下意见：

一、总体要求

（一）指导思想

认真贯彻落实党的十八届三中、四中、五中全会精神和习近平总书记系列重要讲话精神，按照全面依法治国战略部署，围绕中央企业改革发展总体目标，适应市场化、现代化、国际化发展需要，坚持依法治理、依法经营、依法管理共同推进，坚持法治体系、法治能力、法治文化一体建设，加强制度创新，以健全公司法人治理结构为基础，以促进依法经营管理为重点，以提升企业法律管理能力为手段，切实加强对企业法治建设的组织领导，大力推动企业治理体系和治理能力现代化，促进中央企业健康可持续发展。

（二）基本原则

——坚持围绕中心，服务发展大局。紧紧围绕中央企业改革发展中心任务，充分发挥法治在推进分类改革、完善现代企业制度、发展混合所有制经济、强化监督防止国有资产流失等重点改革任务中的重要作用，支撑企业实施自主创新、转型升级等重大发展战略，为中央企业改革发展提供坚实的法治保障。

——坚持全面覆盖，突出工作重点。把依法治企要求全面融入企业决策运营各个环节，贯穿各业务领域、各管理层级、各工作岗位，努力实现法治工作全流程、全覆盖，同时突出依法治理、依法合规经营、依法规范管理等重点领域法治建设。

——坚持权责明确，强化协同配合。切实加强对法治央企建设的组织领导，明确企业主要负责人、总法律顾问、法律事务机构、其他部门在推进法治建设中的责任，有效整合资源，增强工作合力，形成上下联动、部门协同的法治建设大格局。

——坚持领导带头，确保全员参与。牢牢抓住领导干部这个“关键少数”，大力提升领导干部的法治思维和依法办事能力，充分发挥领导干部尊法学法守法用法的示范作用，进一步强化普法宣传教育，提高全员法治素养，充分调动职工的积极性和主动性，努力形成全员守法的良好氛围。

（三）总体目标

到2020年，中央企业依法治理能力进一步增强，依法合规经营水平显著提升，依法规范管理能力不断强化，全员法治素质明显提高，企业法治文化更加浓厚，依法治企能力达到国际同行业先进水平，努力成为治理完善、经营合规、管理规范、守法诚信的法治央企。

二、切实增强依法治理能力

（四）充分发挥章程在公司治理中的统领作用

根据企业行业特点、管理架构等实际，依法完善公司章程，合理配置股东权利义务，明确议事规则和决策机制。突出章程在规范各治理主体权责关系中的基础性作用，依法厘清股东（大）会、董事会、监事会、经理层的职责边界，明确履职程序。依据章程建立健全企业各项基本制度、管理机制和工作体系，细化董事会、经理层工作规则等配套办法。把加强党的领导和完善公司治理统一起来，明确党组织在公司治理结构中的法定地位，将党建工作总体要求纳入公司章程。加强对章程落实情况的监督，坚决纠正与章程不符的规定和行为。高度重视子企业章程制定工作，依法依章程对子企业规范行使股东权，处理好维护出资人权益与尊重子企业经营自主权的关系。充分发挥总法律顾问和法律事务机构在章程制定、执行和监督中的重要作用，确保章程依法制定、依法实施。

（五）完善各治理主体依法履职保障机制

按照《公司法》《企业国有资产法》等法律法规，进一步完善公司法人治理结构，提升治理主体依法履职能力。优化董事会知识结构，通过加强法律培训、选拔法律专业人员担任董事等方式，提升董事会依法决策水平。明确负责推进企业法治建设的专门委员会，对经理层依法治企情况进行监督，并将企业法治建设情况作为董事会年度工作报告的重要内容。董事会审议事项涉及法律问题的，总法律顾问应列席会议并提出法律意见。加大监事会对依法治企情况和董事、高级管理人员依法履职情况的监督力度，配备具有法律专业背景的专职监事，将企业合规经营、依法管理作为当期监督的重要内容。总法律顾问应当全面参与经理层的经营管理活动，充分发挥法律审核把关作用。健全党组织参与重大决策机制，强化党组织对企业领导人员依法行权履职的监督，确保企业决策部署及其执行过程符合党和国家方针政策、法律法规。

三、着力强化依法合规经营

（六）健全依法决策机制

进一步完善“三重一大”等决策制度，细化各层级决策范围、事项和权限。健全依法决策程序，严格落实职工参与、专家论证、风险评估、法律审核、集体决策等程序要求。完善重大决策合法性审查机制，未经合法性审查或者经审查不合法的，不得提交决策会议讨论。高度重视对重大改革事项的法律论证，切实防范法律风险，确保各项改革措施于法有据。中央企业报请国资委审批事项涉及法律问题的，应当出具总法律顾问签字的法律意见书。依法健全以职工代表大会为基本形式的企业民主管理制度，规范职工董事、职工监事产生的程序，切实发挥其在参与决策和公司治理中的作用。

（七）依法参与市场竞争

严格执行有关反垄断、安全生产、环境保护、节能减排、产品质量、知识产权、劳动用工等国家法律法规和市场规则，坚决杜绝违法违规行为。崇尚契约精神，重合同、守信用，公平参与市场竞争，自觉维护市场秩序。认真履行社会责任，切实维护消费者和其他利益相关方的合法权益。明确法律事务机构的合同管理职责，严格落实合同法律审核制度，充分发挥法律审核在规范市场竞争、防止违法违规行为中的重要作用。提升依法维权能力，加大对侵权行为的追责力度，妥善解决法律纠纷案件，切实维护自身合法权益。

（八）依法开展国际化经营

在实施走出去战略、参与“一带一路”建设、推进国际产能和装备制造合作过程中，严格按照国际规则、所在国法律和我国相关法律法规开展境外业务，有效防范法律风险。建立境外重大项目法律顾问提前介入工作机制，将法律论证与市场论证、技术论证、财务论证有机结合，实现从可行性论证到立项决策、从谈判签约到项目实施全程参与，确保法律风险防范全覆盖。突出境外法律风险防范重点，高度重视国家安全审查、反垄断审查、反倾销反补贴调查和知识产权等领域的法律风险，深入做好尽职调查，组织拟定防范预案。建立健全涉外重大法律纠纷案件预警和应对机制。完善境外法治工作组织体系，推动境外重要子企业或业务相对集中的区域设立法律事务机构或配备专职法律顾问。

四、进一步加强依法规范管理

（九）完善企业规章制度体系

根据国家法律法规和国有资产监管制度，结合企业实际，进一步完善财务管理、劳动用工、物资采购等各项规章制度。完善规章制度制定工作机制，广泛吸纳业务骨干、专家学者等共同参与规章制度的研究制定，加强对规章制度的法律审核，确保各项制度依法合规。健全规章制度实施机制，提高制度执行力，通过加强宣贯培训、纳入业务流程、明确岗位守则等方式，确保各项制度得到有效落实。探索建立规章制度评估机制，定期开展规章制度梳理工作，对规章制度执行情况进行评价，及时堵塞制度漏洞，形成制度体系完整闭环。强化规章制度落实监督机制，法律、审计、纪检和相关业务部门定期对制度落实情况进行监督检查，对违规行为严格督促整改、开展责任追究。

（十）依法规范重点领域和关键环节管理

加强对企业投资融资、改制重组、对外担保、产权流转、物资采购、招标投标等重点领域的管理，通过信息化手段，确保流程规范、公开透明，坚决杜绝暗箱操作。在推进混合所有制、员工持股、股权激励等改革过程中，坚持依法规范操作，确保法律事务机构全程参与，严控法律风险，防止国有资产流失。高度重视对企业内部审批、执行等关键环节的管理，强化对权力集中、资金密集、资源富集、资产聚集的部门和岗位的监督，实行分事行权、分岗设权、分级授权，定期轮岗，强化内部流程控制，防止权力滥用。严格执行信息披露制度，依法加大信息公开力度，积极打造阳光央企。完善企业内部监督体系，形成法律与审计、纪检监察、巡视、财务等部门的监督合力。

（十一）大力提升法律管理水平

进一步深化法律风险防范机制，加快促进法律管理与经营管理的深度融合，将法律审核嵌入管理流程，使法律审核成为经营管理的必经环节，在确保规章制度、经济合同、重要决策法律审核率100%的同时，通过开展后评估等方式，不断提高审核质量。加快提升合规管理能力，建立由总法律顾问领导，法律事务机构作为牵头部门，相关部门共同参与、齐抓共管的合规管理工作体系，研究制定统一有效、全面覆盖、内容明确的合规制度准则，加强合规教育培训，努力形成全员合规的良性机制。探索建立法律、合规、风险、内控一体化管理平台。加强知识产权管理，强化知识产权保护，为企业自主创新、转型升级、品牌建设提供有力支撑。健全完善法律风险防范、纠纷案件处理等各项法律管理制度，探索创新法律管理方式方法，大力推进信息化建设，提高管理效能。

五、加强组织领导

（十二）强化领导责任

企业主要负责人充分发挥“关键少数”作用，认真履行推进本企业法治建设第一责任人职责，把法治建设作为谋划部署全局工作的重要内容，对工作中的重点难点问题，亲自研究、亲自部署、亲自协调、亲自督办。明确法治建设领导机构，加快形成企业主要负责人负总责、总法律顾问牵头推进、法律事务机构具体实施、各部门共同参与的工作机制。研究制定本企业法治建设实施方案，将中央企业法制工作新五年规划各项要求作为重要内容，与企业“十三五”规划相衔接，同步实施、同步推进。积极为企业法治建设提供必要的制度、人员、机构和经费等保障。

（十三）完善激励约束机制

将合规经营等依法治企情况纳入对中央企业领导人员的考核体系。完善企业领导班子知识结构，在相同条件下，优先提拔使用法治素养好、依法办事能力强的干部。建立法治工作激励机制，对于在法治建设中作出突出贡献，有效防范重大法律风险、避免或挽回重大损失的集体或个人，应当予以表彰和奖励。落实问责制度，企业重大经营活动因未经法律审核，或者虽经审核但未采纳正确法律意见而造成重大损失的，追究企业相关领导人员责任；经过法律审核，但因重大失职未发现严重法律风险造成重大损失的，追究相关法律工作人员责任。对因违法违规发生重大法律纠纷案件造成企业重大损失的，或者违反规定、未履行或未正确履行职责造成企业资产损失的，在业绩考核中扣减分值，并按照有关规定追究相关人员责任。实行重大法律风险事项报告制度，中央企业对可能引发重大法律纠纷案件、造成重大资产损失的法律风险事项，应当及时向国资委报告。

（十四）加强法治工作队伍建设

在中央企业及其重要子企业全面推行总法律顾问制度，并在公司章程中予以明确。总法律顾问应当具有法学专业背景或者法律相关职业资格。设立董事会的中央企业，总法律顾问可以由董事会聘任。总法律顾问作为企业高级管理人员，全面领导企业法律管理工作，统一协调处理经营管理中的法律事务，全面参与重大经营决策，领导企业法律事务机构开展相关工作。建立健全总法律顾问述职制度。对标同行业世界一流企业，加快健全企业法治工作体系，中央企业及其重要子企业设立独立的法律事务机构，配备与经营管理需求相适应的企业法律顾问。建立健全企业法律顾问职业发展规划，将企业法律顾问纳入人才培养体系，提升企业法律顾问队伍专职化、专业化水平。建立健全企业法律顾问专业人员评价体系，完善职业岗位等级评审制度，实行与职级和专业技术等级相匹配的差异化薪酬分配办法。

（十五）打造企业法治文化

大力推进法治文化建设，弘扬法治精神，增强法治理念，努力使全体员工成为法治的忠实崇尚者、自觉践行者、坚定捍卫者。全面开展普法宣传教育，加强法律、宣传与各业务部门的协同联动，推进法治宣传教育制度化、常态化。完善学法用法制度，将法治学习作为企业党委（党组）中心组学习、管理培训、员工教育的必修课，形成全员尊法学法守法用法的良好氛围。积极树立推进法治央企建设中涌现出的优秀企业、集体和个人典型，充分发挥引领带动作用。

地方国有资产监督管理机构参照本意见，积极推进所出资企业法治建设。

关于进一步规范党政领导干部在企业兼职（任职）问题的意见

为贯彻落实中央关于从严管理干部的要求，加强干部队伍建设和反腐倡廉建设，根据《中华人民共和国公务员法》《中国共产党党员领导干部廉洁从政若干准则》和有关文件规定精神，现就进一步规范党政领导干部在企业兼职（任职）问题提出如下意见。

一、现职和不担任现职但未办理退（离）休手续的党政领导干部不得在企业兼职（任职）。

二、对辞去公职或者退（离）休的党政领导干部到企业兼职（任职）必须从严掌握、从严把关，确因工作需要到企业兼职（任职）的，应当按照干部管理权限严格审批。

辞去公职或者退（离）休后三年内，不得到本人原任职务管辖的地区和业务范围内的企业兼职（任职），也不得从事与原任职务管辖业务相关的营利性活动。

辞去公职或者退（离）休后三年内，拟到本人原任职务管辖的地区和业务范围外的企业兼职（任职）的，必须由本人事先向其原所在单位党委（党组）报告，由拟兼职（任职）企业出具兼职（任职）理由说明材料，所在单位党委（党组）按规定审核并按照干部管理权限征得相应的组织（人事）部门同意后，方可兼职（任职）。

辞去公职或者退（离）休后三年后到企业兼职（任职）的，应由本人向其原所在单位党委（党组）报告，由拟兼职（任职）企业出具兼职（任职）理由说明材料，所在单位党委（党组）按规定审批并按照干部管理权限向相应的组织（人事）部门备案。

三、按规定经批准在企业兼职的党政领导干部，不得在企业领取薪酬、奖金、津贴等报酬，不得获取股权和其他额外利益；兼职不得超过 1 个；所兼任职务实行任期制的，任期届满拟连任必须重新审批或备案，连任不超过两届；兼职的任职年龄界限为 70 周岁。

四、按规定经批准到企业任职的党政领导干部，应当及时将行政、工资等关系转入企业，不再保留公务员身份，不再保留党政机关的各种待遇。不得将行政、工资等关系转回党政机关办理退（离）休；在企业办理退（离）休手续后，也不得将行政、工资等关系转回党政机关。

五、按规定经批准在企业兼职（任职）的党政领导干部，要严格遵纪守法，廉洁自律，禁止利用职权和职务上的影响为企业或个人谋取不正当利益。党政领导干部在企业兼职期间的履职情况、是否取酬、职务消费和报销有关工作费用等，应每年年底以书面形式报所在单位党委（党组）。

六、限期对党政领导干部违规在企业兼职（任职）进行清理。各地区各部门各单位要根据本意见规定，按照干部管理权限对领导干部在企业兼职（任职）情况进行一次摸底排查，对发现的问题要限期纠正。凡不符合规定的，必须在本意见下发后 3 个月内免去或由本人辞去所兼任（担任）的职务。确属工作需要且符合有关规定精神，但未履行审批或备案程序的，必须在本意见下发后 3 个月内补办手续。兼职（任职）期间违规领取的薪酬，应按中央纪委有关规定执行。

七、清理工作完成后，如再发现党政领导干部有违规在企业兼职（任职）或领取报酬隐瞒不报的行为，一经查实，要按照有关规定严肃处理。各地区各部门各单位在审批和审核党政领导干部在企业兼职（任职）时存在违规行为的，要追究主要领导及有关负责人的责任。

八、党政领导干部在其他营利性组织兼职（任职），按照本意见执行。

参照公务员法管理的人民团体和群众团体、事业单位领导干部，按照本意见执行；其他领导干部，参照本意见执行。

九、各地区各部门各单位可根据本意见精神，按照干部管理权限，制定相应的管理实施办法，加强对各级各类领导干部在企业兼职（任职）的规范管理。

十、本意见自发布之日起施行。以往规定与本意见不一致的，按照本意见执行。

参考资料

［1］雷士之乱始末：一个中国式的“宫斗样本”［EB/OL］．腾讯财经．（2014－09－01）．http：//finance. qq. com/a/20140901/001516. htm.

［2］央企合并“治理坎”［EB/OL］．董事会．http：//www. chinavalue. net/Media/IssueArticle. aspx？IssueID＝5262.

［3］何德文．从刘强东操盘京东谈创业企业的控制权制度设计［EB/OL］．知乎网．http：//zhuanlan. zhihu. com/qibadian/19708346.

［4］股权结构与激励如何设计并执行？［EB/OL］．创业邦．http：//www. cyzone. cn/a/20141217/267186. html.

［5］股权结构与控制权［EB/OL］．新浪博客．http：//blog. sina. com. cn/s/blog_ 605036050101f6vh. html.

［6］毛熔波，刘伟，杨正书．中外合资企业中的治理结构探讨［EB/OL］．中国科技论文在线．http：//www. docin. com/p－1220195553. html.

［7］哈药集团外派董事管理制度［EB/OL］．http：//www. doc88. com/p－9095750079211. html.

［8］如何选择独立董事？［EB/OL］．经济导报．http：//www. dongshihui. com. cn/Article/Detail/56470.

［9］独立董事的作用［EB/OL］．百度文库．http：//wenku. baidu. com/link？url＝g1uTDSaQc8PD7yh－kX4uSY54VvOPUTdA－kfFdu－Sw3ZVFm7RjXm－2vyND_ vZg8uWh2j0yjeFVSksM_ MFFxnTwFerzL16KqtaCazbudILTty.

［10］股权代持犹如打开了“潘多拉的魔盒”［EB/OL］．马靖昊说会计微信公众号．

［11］孙国强．全球公司治理变革新趋势［EB/OL］．董事会．http：//www. cnki. com. cn/Article/CJFDTOTAL－DSHY200912035. htm.

［12］构建中国多元化公司治理结构新模式［EB/OL］．http：//www. docin. com/p－1301210599. html.